Horst Nargang

# Den Himmel erreichen

## Bergsteigen auf dem Dach der Welt

Über den Everest – Trek zum
Lobuje Peak

Hundert göttliche Zeitalter
reichen nicht aus, um alle Wunder
des Himalaya zu beschreiben.

**Sanskrit – Sprichwort**

# PARABIBER - EXPEDITION 2000

## Himalaya - Lobuje Peak 6.119 m

### Area: Mount Everest

Herstellung: Books on Demand GmbH

ISBN 3-8311-4245-9

# Inhalt

# Vorbemerkungen

Es ist noch kein Jahr vergangen, seit wir unsere Expedition zum Lobuje Peak durchgeführt haben.
Eine Expedition, die wir alternativ in eigener Regie geplant und umgesetzt hatten.

Das Internet war das Medium, mit dessen Hilfe Jeni die organisatorischen Fäden gesponnen und in der Hand behalten hatte. Allein diese Abnabelung von den herkömmlichen Mustern einer Bergfahrt in den Himalaya mit kommerziellen Veranstaltern, wie sie eigentlich für berufstätige Leute, wie wir es sind, erfunden wurde, machte diese Expedition zu etwas Besonderem und daher ungeheuer spannend.

Fraglos waren unsere großen Fahrten durch den Hohen Atlas in die nördliche Sahara oder die „Fiesta Cordillera Blanca", eine Expedition in die Anden , bei der wir gleich drei Gipfelziele angesteuert hatten, großartige Bereicherungen in bergsteigerischer Hinsicht.
Noch wichtiger aber war die Erfahrung, dass sich in unserem Leben eine Tür aufgetan hatte, hinter der sich - im wahrsten Sinn des Wortes - eine neue Welt darbot.
Das war Olivers Verdienst, der uns in Afrika gezeigt hatte, wie man diese Tür öffnet.

Wir hatten die klassische Laufbahn eines Bergsteigers eingeschlagen. Das Felsklettern hatte uns für Jahre in seinen Bann gezogen, und als ich die Nordwände der Großen und der Westlichen Zinne und die „Gelbe Kante" gemacht hatte, fühlte ich mich schon fast am Ziel dieser Laufbahn.

Dann kam die Zäsur: Jeni hatte als einer der Ersten überhaupt das Gleitschirmfliegen für sich entdeckt.
Und er verstand es, seine Freunde von dieser neuen Variante des Alpinismus zu überzeugen.

Wie eine Epidemie breitete sich danach der Fliegervirus in unseren Kletterkreisen aus.
Die Felsen im Morgenbachtal, unserer Kletterheimat, verwaisten.
Am Ende dieser Entwicklung stand die Gründung eines besonderen Vereins: „Die Parabiber". Die Wortschöpfung sollte die beiden Standbeine des Clubs verdeutlichen: Paragleiten und Klettern in hohen Schwierigkeitsgraden, wofür eine Route in unserem Klettergebiet Pate stand, der „Sumpfbiber".

Aber die Entwicklung führte in eine Sackgasse. Fliegerspezialisten bildeten sich heraus, und am Ende waren Jeni und ich als die einzigen Bergsteiger im Club übrig geblieben.

Die Steilspirale ist eine Flugfigur, bei welcher der Paragleiter in anfangs weiten Kreisen um ein imaginäres Zentrum fliegt. Die Kreise werden dann immer enger geflogen , und die Bewegung beschleunigt sich dramatisch, während das Fluggerät sich in hoher Geschwindigkeit dem Boden nähert. Wird diese Flugfigur nicht rechtzeitig ausgeleitet, zerschellt der Flieger unweigerlich.

In einer ebensolchen Flugfigur sah ich - bildlich gesprochen – unsere Zukunft im Bergsteigen. Wir hatten das Fliegen als Ergänzung zum Bergsteigen und Klettern angenommen, hatten uns aber immer weiter vom Berg entfernt. Kostbare Zeit war unwiederbringlich dahingeeilt...
Heute empfinde ich es als Glück, dass Jeni und ich uns unserer sportlichen Wurzeln erinnert und uns rechtzeitig aus dem Sog der Abhängigkeiten befreit haben, die uns den Zugang zu den weiten Horizonten auf den Bergen der Anden und des Himalaya verstellt hatten.
Wir konnten schließlich doch einige unserer Bergsteigerträume ausleben und für eine Weile einen Zipfel von Shangri – La ergreifen und festhalten.
Wir waren dem Faszinosum der Landschaft, ihrer Menschen und ihrer Kultur erlegen.

Nun sitze ich auf meiner Terrasse, der Wind bewegt sacht die Girlande der Gebetsfähnchen, die ich an der Überdachung befestigt habe, und trägt mir die Bilder und Stimmungen zu, die ich mit unserer Expedition in den Himalaya verbinde...

Die folgenden Seiten sollen daher geeignet sein, jene Tage noch einmal nachzuerleben, damit sie nicht im Grau der Vergangenheit Farbe und Lebendigkeit verlieren.

Albig, im September 2001

Liebe Seele,
trachte nicht nach dem ewigen Leben,
sondern schöpfe das Mögliche aus !


Pindar

# s u r u m a a

## Der Traum vom Everest

---

Wer niemals träumt,
verschläft sein schönstes Leben.

F. Rückert

---

Es war im Dezember 1978, als Brigitte mir das Taschenbuch von Peter Habeler „Der einsame Sieg" mitbrachte.
Habeler erzählt darin den Ablauf der berühmten Expedition mit Reinhold Messner zum Mount Everest, die als erste Besteigung des

höchsten Gipfels der Erde ohne künstlichen Sauerstoff in die Geschichte des Bergsteigens einging.

Damals lagen meine sportlichen Interessen noch auf ganz anderen Gebieten: Fußball und Leichtathletik, das waren Themen, die mich begeistern konnten. Mit Bergsteigen – noch dazu in Gebieten der Erde, die für mich damals so fern wie der Mond waren - hatte ich mich nie befaßt. Dabei hatte mich das Hochgebirge als wilde Natur-landschaft immer angesprochen, und im Geographiestudium belegte ich mit Vorliebe jene Vorlesungen, Seminare und Exkursionen, die sich mit dem Großthema „Hochgebirge" in allen möglichen Fragestellungen beschäftigten.

Während der Schweizexkursion stand ich über dem Lauterbrunner-Tal, einem gewaltigen Trogtal, und suchte nach den typischen Glazialformen. Unser Professor Herold erklärte mit gewichtiger Miene und weit ausholender Armbewegung das Bergpanorama über uns: Eiger , Mönch, Jungfrau... Wie nicht anders zu erwarten, gab es die entsprechenden Kommentare meiner Kommilitonen, die sich gewagte Wortspiele ausdachten.

Ich blickte zur Jungfrau - einem ebenmäßigen, schönen weißen Berg - hinauf, ohne zu ahnen, daß ich schon bald auf ihrem Gipfel stehen sollte...

Ich „verschlang" die 200 Seiten Habelers in einer Nacht. Nicht als distanzierter Leser – ich marschierte den langen Weg von Lukla mit hinauf nach Namche Bazar, nach Tengboche, ins Basislager... und ich wagte mich mit hinauf bis zum Gipfel des Everest !

Und dann erlebte ich die „Helden" vom Everest bei ihren Vorträgen in Mainz und Frankfurt live – und war infiziert von der nie mehr endenden Sehnsucht nach den Bergen und dem Unterwegssein in den Tälern und auf den Gipfeln.

Wie oft träumte ich diesen Traum: Ich, unterwegs im Himalaya... beim Aufstieg zum Gipfel... beim Abstieg und voller Freude über den Erfolg...

Der Traum wurde wahr! Ich durfte mein Traumland mit eigenen Augen sehen – und hatte das große Glück, mit einem guten Kameraden auf einen Himalayagipfel zu klettern.

Mittlerweile besitze ich eine umfangreiche Bibliothek, die fast lückenlos das Geschehen in den hohen Bergen der Welt abdeckt.

Unter all den prächtigen Bänden nimmt sich „Der einsame Sieg"
doch tatsächlich recht bescheiden und einsam aus. Das kleine Buch
ist aber das wichtigste unter all den anderen . Es führte mich über
Nacht in eine mir vollkommen neue Welt und entfachte in mir ein
Feuer der Begeisterung, das bis heute ungehindert lodert. Es machte
aus dem Fußballspieler den Kletterer und schließlich den besessenen
Bergsteiger, dessen Leben eine wunderbare Bereicherung erfahren
hat, seit er auch auf „Hohe Berge" steigt.

# Die Teilnehmer der PARABIBER
# EXPEDITION 2000

*Pasang Lakpa Sherpa*     - Koch

*Pasang Tamang*
*Lakpa Sherpa*     - Küchenjungen und Diener
*Bisnu Sersth*

*Nawang Samten Sherpa*     - Sirdar

*8 Lastenträger*     - für die Strecke von Lukla
nach Namche Bazar

*2 Yaktreiber*
*6 Yaks*     - für den „Everesttrek" von
Namche Bazar bis    zum
Basislager

*Dr. Horst-Jürgen Jenrich,*     - „PARABIBER"
    *„Jeni"*

*Horst Nargang*     - „PARABIBER"

Begib Dich einmal im Jahr
an einen anderen Ort,
an dem Du noch nie gewesen bist.

Dalai Lama

Mittwoch, 27. September

D er Countdown für einen Lebenstraum lief...
Bis in den Nachmittag hinein hatte ich noch Arbeit mit den beiden
Seesäcken. Entweder war ich mir nicht sicher, das eine oder andere
Ausrüstungsteil eingepackt zu haben, oder ich wollte unbedingt noch
etwas in den bereits übervollen Behältnissen unterbringen.
Mein Checklistensysten hatte längst versagt. Bei der letzten Reise in
die Anden funktionierte das Packen noch tadellos. Offensichtlich
hatte mich doch eine erhebliche Nervosität ergriffen.
Michael war unser „Flughafen-Zubringer-Fahrer". Während er den
VW-Bus nach Mainz steuerte, gab ich ihm noch einige Ratschläge
für die Dauer meiner Abwesenheit, war aber gedanklich nicht mehr
bei der Sache.
Am Hauptbahnhof warteten wir auf Mary , aßen in einem kleinen
italienischen Restaurant in Finthen noch eine  Kleinigkeit, und um
20.$^{oo}$ Uhr holten wir Jeni von Zuhause ab.
Mary hatte am Nachmittag unangenehme Nachrichten im Internet
entdeckt: In Nepal sollte es Unruhen und Polizeieinsätze geben... Ein
schlechtes Omen? Ich versuchte die Gedanken daran wegzuschieben
und erinnerte mich an die lieben Abschiedszeilen, die sie mir
geschrieben hatte:


*Meine liebe Maus,*
*dein lang gehegter Lebenstraum hinsichtlich deines schon seit*
*Jahrzehnten angepeilten Urlaubszieles geht nun in Erfüllung.*
*Deine Traumberge im Himalaya sind bald wirklich zum „Greifen*
*nah" und werden dich nun nicht nur – wie bisher – in Büchern, auf*
*Dias oder im Kino faszinieren. Du wirst diese majestätischen,*
*würdevollen Riesen wirklich und wahrhaftig „hautnah" in natura*
*erleben dürfen, Eindrücke sammeln, die dich fesseln werden.*
*Du wirst und sollst den Alltag mal hinter dir lassen, was dir dort –*
*umgeben von einer fremden aber doch wiederum vertrauten, da dir*
*sympathischen Kultur, die dich dankbar wie ein kleines Kind staunen*
*lassen wird, ganz sicher gelingen wird !*
*Zu diesem Abenteuer möchte ich dir viel Freude wünschen, viele*
*freundliche Menschen, passende Witterungsbedingungen für deinen*

*Sechstausender, gutes Gelingen, eine stabile Gesundheit und dass
dein Schutzengel bei all deinen Unternehmungen immer ganz nah an
deiner Seite verweilt und gut auf dich aufpasst !*
*In Gedanken werde ich ganz oft bei dir sein.*
*Also, wenn du mal ganz unverhofft an mich denken musst, dann war
Telepathie im Spiel. Dann habe ich dir und deinem lieben Schutzengel ein paar herzliche Gedanken auf diese abenteuerliche Reise
geschickt...*
*Ich wünsche dir wunderschöne Wochen und phantastische Ein-
drücke, von denen du noch lange zehren kannst, wenn du dann
wieder daheim bei deinem „Rudel" bist.*
*Einen guten Flug, eine gute Zeit und eine gute Rückreise !!*
Ich freue mich schon jetzt darauf, wenn ich dich wieder in die Arme
schließen kann..

---

Unser Flug mit der Royal-Nepal-Airlines sollte um 23.$^{2o}$ starten.
Aber an der großen Anzeigetafel im Terminal I war eine Verspätung
angezeigt: Abflug: 0.$^{3o}$ Uhr.
Die Boeing 757 kam erst um 1.$^{oo}$ Uhr aus Paris kommend in Frankfurt an und wurde dann noch wegen eines technischen Problems re-
pariert.
Öde Warterei, die wir mit der Beobachtung unserer Mitreisenden
überbrückten. Es waren in erster Linie Bergbegeisterte – leicht er-
kennbar am Schuhwerk oder den Teleskopstöcken, die aus dem
Rucksack ragten.
Andere dokumentierten ihre „Kastenzugehörigkeit" durch Themen-
mützen: Alpenvereinsmitglied auf dem Wege in die Weltberge.
All das wirkte befremdlich auf uns und unterhöhlte irgendwie unsere
eigenen Absichten.
Immerhin war es in der business-class angenehm bequem. Es gab
große Sessel und viel Beinfreiheit.
Und wir hatten auf der linken Seite einen Fensterplatz. Wir würden
den Himalaya sehen können!!
Der Nachtflug bescherte uns einen schönen Blick auf den kommenden Tag, der sich eine ganze Weile als zartorange – violetter Streifen
über dem östlichen Horizont abzeichnete, während die Aussicht aus
dem rechten Kabinenfenster noch tiefschwarze Nacht bot.

Dann wurde es rasch hell und wir blickten auf öde, sandfarbene Wüstenlandschaften hinunter.

Nach einer kurzen Flugstrecke über das Meer tauchte dann die Wüstenstadt auf: Dubai.

Schon der erste Eindruck aus der Luft machte den wohlgeordneten Reichtum deutlich: Schachbrettartig angelegte Straßenzüge von Palmen gesäumt. Schmucke, weiße Häuserwürfel. Eine Unzahl von Autos.

Wir hatten eine Stunde Aufenthalt und betraten als Transitreisende das Innere des Flughafengebäudes, das sich wie ein Fünf-Sterne-Hotel ausnahm: Polierter Granit, geschmackvolle Teppichböden, große Grünpflanzen, chromglänzende Metallgeländer, Sitzgruppen, mit dickem Leder bespannt, leise klassische Hintergrundmusik.

Es herrschte eine Atmosphäre wie in einer Kathedrale. Allein die „Starbucks-Cafeteria" am Ende der Halle war ein Zugeständnis an geschäftliche Notwendigkeiten.

Wir schienen in der Heimat des Geldes zwischengelandet zu sein. Selbst die großen Anzeigeuhren in der Halle waren von Rolex!

Beim Weiterflug wurde die Grundlage des Wohlstandes sichtbar: Hafenanlagen mit einer Unzahl von Öltankern und in der Wüste draußen viele, viele Bohrcamps.

Lustigerweise lernte ich meinen Sitznachbarn- nur durch den Mittelgang getrennt- als den Chef der „Royal Nepal Airlines" kennen. Mr. Hari Bhakta Shrestha.

Er wachte fortan besonders über unser Wohlergehen, bestellte bei den Stewardessen Drinks für uns und organisierte mir noch einen Cockpit-Besuch.

Dort saß ich auf einem Sitz hinter dem Kapitän, die Kamera auf den Knien und hoffte auf spektakuläre Motive in der Himalayakette. Aber hochreichende Wolkentürme versperrten die Aussicht weitgehend.

Allein der Dhaulagiri ragte mit seiner gewaltigen Südwand aus der Wolkenwatte heraus. Kurz darauf glaubte ich noch die elegante Gestalt des Machapuchare erkannt zu haben.

Ich fotografierte, bis die Filmpatrone komplett belichtet war. Auf dem zweiten Begleitersitz rechts neben mir saß eine Nepali-Dame im eleganten, gelbblau geblümten Sari und blickte nur immer starr aus dem Cockpitfenster.

Sie schien von mir keinerlei Notiz zu nehmen. Bis heute ist mir unklar, in welcher Funktion sie sich dort vorne befand. Als der nicht einfache Landeanflug auf den Tribhuvan-Flughafen von Kathmandu begann und die beiden Piloten eifrig an den unzähligen Schaltknöpfen vor ihnen hantierten, während verschiedene akustische Zeichen ertönten, bat mich der Kapitän, das Cockpit wieder zu verlassen.

# Kapitel 1

# Die Stadt

Wie soll ich nur beschreiben,
was es hier alles Erstaunliches gibt?
Was ich gehört hatte,
traf zu und wurde übertroffen...
Hier scheinen alle Reichtümer der Welt
und alle Verrücktheiten gehäuft:
Prachtvolle Tempel,
kunstvolle Paläste und Klöster,
die neuesten Waren aus aller Welt
und uralte Kostbarkeiten,
alles in einem unendlichen Bazar,
auf dessen Straßen achtlos
der Schmutz fällt.

Huan Chwang
über Kathmandu
im Jahre 637 westlicher Zeitrechnung

# Kathmandu

Nachdem wir für unser Visum die ersten Dollars investiert und unsere schweren Seesäcke auf einen Gepäckkarren geladen hatten, verließen wir das Flughafengebäude.

Und schon gab es eine erste Panne: Unsere Abholer von „Ang Rita Trekking" waren nicht erschienen!

Immer wieder liefen wir mit dem überladenen Gepäckkarren die Reihe der emporgereckten Schilder ab, die allesamt anderen Reisenden galten. Wir waren ratlos. Um wenigstens etwas Sinnvolles zu tun, ging Jeni erst einmal Geld wechseln. Wir brauchten Rupies. Ständig wurden uns von abgerissenen Halbwüchsigen Taxidienste angeboten. Andere bettelten um „coins".

Half Dollar oder Mark waren offenbar sehr begehrt.

Als wir das Flughafengebäude verlassen hatten, war der Himmel schon rot-orange gefärbt, die Sonne versank langsam hinter den Bergen des Kathmandutals und nun wurde es rasch dunkler.

Um unserer Unschlüssigkeit ein Ende zu machen, nahmen wir schließlich eines der klapprigen Taxis und ließen uns in den unglaublich chaotischen Verkehr von Kathmandu chauffieren.

Verkehrskapriolen hatten wir schon in Afrika und in Südamerika erleben dürfen. Aber was uns hier geboten wurde, übertraf alles. Eine haarsträubende Situation folgte der anderen. Kinder huschten kurz vor dem Taxi über die schlaglochübersäte Straße, unbeleuchtete Rikschas und Fahrräder schlängelten sich in einem endlosen Strom in unserer und gegen unsere Fahrtrichtung dahin, und das alles im Linksverkehr, was mich zusätzlich irritierte.

Der Taxifahrer erkundigte sich nach unserer Herkunft. Als er hörte, dass wir Deutsche sind, lobte er unsere Heimat über alle Maßen. Als Synonym für Deutschland galten für ihn die alten überfüllten Mercedes-Omnibusse, die auf den Straßen Kathmandus das Bild des öffentlichen Verkehrs prägen. Diese Vehikel, die schwarze Dieselabgaswolken ausstießen und schon in Indien ihren Dienst geleistet hatten, waren offenbar nicht kleinzukriegen.

Dann lenkte unser Fahrer sein Gefährt in eine aus zwei Zapfsäulen bestehende Tankstelle. Er fasste zwei (!) Liter Benzin und setzte die Fahrt mit uns fort. Weiter ging es durch den Pulk der dreirädrigen Motor-Rikschas und Mopeds hindurch. Die Luft war erfüllt von einem beständigen Hupkonzert und dem süßlichen Gestank der Abgase aus den Zweitakt-Motoren.

Es war nun finster geworden und wir warfen im Vorbeifahren flüchtige Blicke in die winzigen Läden, Werkstätten oder Wohnräume, die sich zur Straße hin öffneten. Erschreckende Bilder, wie wir sie in ähnlicher Art auch in Südamerika erfahren mußten. Dunkle Höhlen der Armseligkeit von schwachem, gelbem Licht kaum erhellt.

Hin und wieder waren auch brennende Abfallhaufen vor den Türen zu sehen und daneben Frauen, die auf Kerosinkochern ein Abendessen zubereiteten...

Es würde Zeit kosten, sich auf diese Bilder einzustellen.

Aber wir waren nun in Asien, allein diese Tatsache war erregend genug!

Im Hotel Manang bekamen wir das Zimmer 303. Einen schönen, sauberen Raum mit Klimaanlage, Minibar und Fernseher.

Es war das gleiche Hotel, in dem auch die „Mountain-Madness" – Expedition von Scott Fischer 1996 abgestiegen war.Lene Gammelgaard hat dies in ihrem Buch „Die letzte Herausforderung" beschrieben.

In der Vorbereitungsphase auf unsere Expedition wollte Ang Rita Trek wissen, welches Hotel wir in Katmandu bevorzugten. Ich schaute daher noch einmal die Expeditionsberichte durch, notierte die diversen Hotels und entschied mich dann für das Hotel Manang.

Ich wollte mir vorstellen, was Scott , Lene und all die anderen der 96er Expedition, die so tragisch endete, in diesem Haus gesehen haben, welche Atmosphäre dort herrscht, ob es Leute gibt, die sich an Scott erinnern können...

Besonders gerne hielt ich mich in der Empfangshalle auf, wo es bequeme Sitzgelegenheiten gab. Dort konnte man entspannen, die schönen Holzschnitzereien der Einrichtung auf sich wirken lassen oder das Kommen und Gehen des internationalen Publikums verfolgen.

In einem kleinen Seitenflügel war eine alpine Bibliothek untergebracht und an einer verglasten Fläche in der Halle hatten verschiedene Expeditionen ihre Aufkleber zur Erinnerung angeklebt.

Unmittelbar unter dem „Mountain-Madness" – Aufkleber von Scott Fischer war noch Platz frei, und ich brachte dort einen unserer Expeditionsaufkleber an.

Diese Nähe sollte hoffentlich nicht zum bösen Omen werden! Immerhin, wir befanden uns nunmehr in illustrer Gesellschaft – wenn auch nur dokumentarisch.

Nachdem wir unsere Seesäcke untergebracht hatten, stiegen wir hinauf in den fünften Stock. Von hier aus konnte man den Dachgarten betreten und hatte einen wunderbaren Blick über das Lichtermeer von Katmandu.

Die Abholpanne am Flughafen klärte sich im Laufe des Abends auf. Mingma, der Kontaktmann von Ang Rita Trek, war im Hotel erschienen und erklärte uns,dass er wohl am Flughafen gewesen sei, aber durch die Verspätung unserer Maschine habe er uns verpasst, da wir doch früher als vorgesehen gelandet seien.

Mingma war von kleiner Statur, wirkte aber wie ein Energiebündel. Sein typisches Sherpagesicht mit den hohen , breiten Wangenknochen drückte Zuverlässigkeit aus und konnte ein einnehmendes, strahlendes Lächeln annehmen. Mingma war mir sofort sympathisch.

Wir verabredeten uns für den nächsten Morgen, um verschiedene Dinge in der Agentur zu erledigen, vor allem, unsere Dollars für die Logistik, die Flüge nach Lukla usw. zu bezahlen. Dann verabschiedete sich Mingma und wir beschlossen, noch ein wenig die Umgebung des Hotels zu erkunden.

Das Hotel Manang liegt am Rande des Touristenbezirks „Thamel". Nachdem wir das Hotel verlassen hatten, schlugen wir die Richtung ein, die uns aus dem Touristenbezirk herausführte.

Nach den Erlebnissen in Marokko und Peru schien es hier noch eine negative Steigerung der Armut und des Elends zu geben. Man macht sich keine Vorstellung, in welchen „Höhlen" Menschen in Dreck und Staub hausen! Grau-schwarz ist die Einheitsfarbe. In winzigen Garküchen wurden am Straßenrand irgendwelche Teigteilchen in siedendem Fett frittiert. Manche boten auch kleine Fleischgerichte an. Die hygienischen Verhältnisse spotteten allerdings jeder Beschreibung. Ich schwor mir, hier niemals einen einzigen Bissen zu mir zu nehmen. Lieber wollte ich tagelang Hunger leiden!

Es war eine Welt, die keine Phantasie so erschaffen könnte. Hieronymus Bosch – Visionen schienen hier lebendig geworden zu sein !

Die Leute saßen auf dem Boden im Staub, unterhielten sich an kleinen Feuern, lachten. Sie schienen überraschenderweise mit ihrem Los zufrieden zu sein. Ihr Lebensraum war die Straße. Eine Straße, die in immer drastischere Schreckensbilder führte und geradewegs die Verbindung zur Hölle zu bilden schien.

Der Refrain eines Songs, der vor kurzem aktuell war, kam mir in den Sinn :"This is the road to hell..."

Auffällig in diesen ärmsten Winkeln waren auch die Männer, die ganz ungeniert öffentlich miteinander schmusten. All die anderen Männer, die mit diesen Pärchen in ihrer abgerissenen Kleidung auf dem Boden hockten oder auf den Fersen kauerten, nahmen vom Austausch der Zärtlichkeiten offensichtlich keine Notiz.

Sehr verwirrend für mich.

Meine neuen Nike – Laufschuhe, die mir Mary geschenkt hatte, erweckten großes Interesse. Die meisten Passanten, die mir begegneten, schauten zuerst auf meine Schuhe, und dort blieben ihre Blicke hängen, in einer Mischung von Bewunderung und kindlichem „Die hätte ich gern.."

Wir bemerkten bald, dass wir in die falsche Richtung gegangen waren und richteten unsere Schritte schließlich dahin, wo der Touristenbezirk mit seinen vielen Läden, Bars und Restaurants eine fast jahrmarktsähnliche, quirlige Stimmung erzeugte.

Unter den Ladentüren standen die Verkäufer oder jungen Schlepper und versuchten gestenreich die Passanten zum Eintreten zu bewegen: „Nur schauen... nicht kaufen...Come in, see my shop..."

Illegale Geldwechsler verlangten nach Mark oder Dollar: „You want to change Dollars?"

Und auch **das** Angebot wurde bald an uns herangetragen: „Haschisch? First class Marihuana! "

Tiger Balm, Gurkha-Messer und Schmuck aus Yakknochen..."Very good price!"

Wir hatten schnell begriffen, wie man sich am besten gegenüber den hartnäckigen Straßenhändlern zu verhalten hatte.

In der „1st Nepali's Sport Bar" setzten wir uns im illuminierten Garten an einen Tisch und genehmigten uns einen köstlichen Durstlöscher: Zwei Flaschen „Carlsberg" – Bier. Und so allmählich fiel die Anspannung der letzten Stunden von mir ab und ich begann, mich in diese neue Welt mit ihren fremden Geräuschen und den so vielfältigen Geruchsnuancen hineinzuleben. Ich war bereit, sie anzunehmen und nicht nur aus der Distanz dessen zu betrachten, der seine eigene Welt im Kopfe mit sich trägt und eine andere nicht zulassen will.

Der junge Kellner wollte wissen, was meine Minolta koste. Als ich ihm den Preis von ca. 500 US Dollar nannte, war er sprachlos. Es musste eine unvorstellbare Summe für ihn gewesen sein.

„Jewels of Manang" hieß ein ganz geschmackvoll eingerichtetes Restaurant nebst Bar im Untergeschoss unseres Hotels . Hier saßen wir noch eine Stunde, tranken ein weiteres Bier im Bewusstsein, in den kommenden drei Wochen nur noch Antialkoholisches zu genießen.

Die beiden netten Nepali-Mädchen servierten uns dazu noch Reisschnaps , Reiscracker und ein Tellerchen scharf gewürzter Bratkartoffeln als Snack.

Auf einer kleinen,fast ebenerdigen Bühne saßen drei blaugekleidete Musikanten, die uns mit ihren wenigen Instrumenten wunderbar mit einheimischen Melodien unterhielten. Die Rückseite der kleinen Empore wurde von einem großen, mit Leuchten angestrahlten Gemälde gebildet. Ein Bergmotiv aus dem Himalaya entführte die Gedanken hinaus in große Höhen...

Wir genossen die Zeit dort unten, und ich versuchte mir auszumalen, wo Scott Fischer und seine Expeditionsmitglieder wohl gesessen haben mögen. Wie mögen sie diesen Raum und seine einzigartige Atmosphäre wohl empfunden haben...?

Wir saßen beim Frühstück, umgeben von einer Biker-Gruppe, die sich die Strecke Lhasa – Kathmandu vorgenommen hatte. In wenigen Stunden würden sie nach Lhasa fliegen. Auch eine wunderbare Vorstellung!

Wir waren fast fertig, als Mingma den schönen Speiseraum betrat und uns freundlich begrüßte.

Danach fuhren wir gemeinsam im Taxi in den Stadtteil Lazimpat, wo unsere Agentur ein kleines Büro betreibt.

Dort wurden wir mit unserem Sherpa-Sirdar Nawang bekannt gemacht und Mr. Shashi Dhar, der Geschäftsführer der Agentur, regelte mit uns den geschäftlichen Teil. Wir bezahlten unsere 1.200 Dollars für die Organisation des Lobuche –Abenteuers und das Climbing-Permit.

Für den Abend verabredeten wir uns zu einem gemeinsamen Essen – auf Einladung der Agentur !

Der Rest des Tages stand nun zu unserer Verfügung. Wir fuhren mit einem Taxi nach Patan, einer der Königsstädte im Kathmandutal.

„The city of fine arts" wird Patan auch genannt. Und es ist richtig, in den unzähligen Kunst- und Antiquitätenläden kann man nach Herzenslust stöbern und sich in die schönsten Dinge des Kunsthandwerks verlieben.

Wir spazierten in die alte Stadt mit den Tempeln und Schreinen, den aufeinandergeschichteten Pagodendächern und den einzigartigen Holzschnitzereien, die ich nicht genug bewundern konnte. Es waren kaum Touristen unterwegs, und wir konnten uns ganz der Illusion hingeben, uns in ein anderes Jahrhundert verirrt zu haben.

Ein junger Student namens L.K.Lama trug uns seine Stadtführerdienste in einer unaufdringlichen sehr angenehmen Weise an. Wir duldeten seine Gesellschaft anfangs nur, lernten aber sehr schnell sein Wissen schätzen, das uns das alte Patan in einer Weise erschloß, wie wir es allein nie kennengelernt hätten.

Ein glücklicher Zufall, für den wir später dankbar waren.

In einem kleinen Restaurant saßen wir auf der Dachterrasse unter Sonnenschirmen, erfrischten uns und blickten über die wundervolle Ansammlung der Tempelanlagen unter uns. Bei dieser Gelegenheit verriet uns L.K. einige Tricks, wie man am besten aufdringliche Straßenhändler beeindruckt! Seine Gesellschaft war in der Tat wertvoll für uns.

„Cat can do, man cannot do it, that is Kathmandu" diesen Spruch interpretierte uns L.K. als Beispiel für die Unfähigkeit der Menschen, Kathmandu sauber zu halten. „Die Katze beseitigt ihren Schmutz – der Mensch nicht", bemerkte L.K. mit Bedauern.

Er traf den Nagel auf den Kopf. Kathmandu zählt zu den dreckigsten Städten der Welt! Die Straßen sind gesäumt von Müllhaufen aller Art, in denen Hunde und Kühe nach Fressbarem suchen. Niemand scheint sich für diesen Müll zu interessieren. Nur in Thamel sah ich frühmorgens eine alte Frau, die Abfall von der Straße vor unserem Hotel auflas und in zwei geflochtenen Körben wegtrug.

Ob dies die städtische Straßenreinigung war oder eine Aktion unserer Hotelverwaltung blieb mir verschlossen.

Am schönsten ist Kathmandu bei Einbruch der Dunkelheit, wenn die schwache Beleuchtung die Schmutzhaufen im Verborgenen lässt.

Die Schreine und Tempel wirken dann ganz nachdrücklich auf den Betrachter und in Verbindung mit den eigenartigen Gerüchen, die in der Luft liegen, tritt man eine Zeitreise in die Vergangenheit voller phantastischer Eindrücke an.

Dann hat man das Gefühl, in einer ganz anderen Welt zu sein. Einer Welt, die den Besucher mit ihrer Exotik einnimmt. Dies ist ein sehr angenehmes Umfangenwerden, das ich so noch in keiner Stadt dieser Welt erlebt habe.

Die Rückfahrt von Patan zum Hotel durch den extrem chaotischen Verkehr ließ wieder keine Entspannung zu.

Man saß im Taxi und hatte das Gefühl, die Welt um einen her drehe sich in rasender Geschwindigkeit in einer Orgie aus Lärm und blauen Abgasen, mit denen tausende von Motorradfahrern die Luft einnebeln.

In einem Internetcafe neben K.C.'s gab ich zwei E-Mails nach Hause auf (1Minute – 1 Rupie), dann richteten wir unsere Sachen für den Start des Treks , der ja am nächsten Tag beginnen sollte.

Gegen 18.$^{oo}$ Uhr ging ein gewaltiger Platzregen nieder, der eine Ahnung davon vermittelte, wie man sich hier während der Monsunzeit fühlen muss.

Glücklicherweise war der Guss bald vorbei, und als wir uns auf den Weg zum Restaurant machten, in das uns Mr. Shashi Dhar eingeladen hatte, nieselte es nur noch ein wenig. Dennoch musste man sich in acht nehmen, denn von einigen Dächern stürzten immer noch kleine Sturzbäche auf die belebte Straße hinunter.

Plötzlich gab es einen Stromausfall . Straßenlaternen und Schaufensterbeleuchtungen fielen aus, und von einer Sekunde auf die andere verwandelte sich Thamel in einen Stadtteil der Geister, der schaurigen Gestalten...

Vorsichtig tasteten wir uns voran, immer auf der Hut vor den unbeleuchteten Autos und den Rikschas, die sich durch das Verkehrsknäuel schlängelten. Es entstand ein Schubsen und Schieben, und natürlich verloren wir den Anschluß an Mingma und Mr. Shashi.

Aber zum Glück flackerte die Straßenbeleuchtung nach wenigen Minuten wieder auf, und nach einigem angestrengtem Spähen entdeckten wir unsere Begleiter im Strom der Menschen. Sie hatten freundlicherweise auf uns gewartet.

Im Restaurant „Third Eye", das in einem Stilmix zwischen italienischem und chinesischem Lokal eingerichtet war, saßen wir an einer langen Tafel zusammen: Mr. Shashi, der den Gastgeber mimte, der kleine Mingma, unser Sirdar Nawang und die beiden Schotten Peter und Arron. Peter war ein ausnehmend angenehmer Mensch in den Vierzigern, der eine lustige, entspannte Atmosphäre einbrachte. Er war mit seinem sechzehnjährigen Sohn ebenfalls über Ang Rita Trek nach Nepal gekommen,um eine Trekkingtour zu unternehmen. Morgen würden wir gemeinsam nach Lukla fliegen. Wir saßen zwei Stunden bei einem guten Dinner und angeregter Unterhaltung zusammen. Mr. Shashi hielt einen ganzen Vortrag über das Thema der Kindgöttin „Kumari". Es schien sein Steckenpferd zu sein.

Als wir uns in fröhlicher Stimmung voneinander verabschiedeten, erfüllte mich das gute Gefühl: Diese Expedition wird ein Erfolg werden ...

Die Läden in Thamel waren auch jetzt spätabends noch geöffnet. Wir stöberten in einigen Buchläden und staunten nicht schlecht über die Riesenauswahl an alpiner Literatur . Alle gängigen Titel in englischer, deutscher und französischer Sprache gab es da und daneben viele, viele Titel, die mir unbekannt waren.

Ein Paradies für Buchliebhaber. Ich hätte Stunden hier verbringen können. Wenn wir nur das logistische Problem des Transports gelöst hätten... Wir mussten ja unser gesamtes Gepäck auf dem Trek mitführen. Nun zählte jedes zusätzliche Gramm doppelt. Wenigstens etwas Briefpapier mit wunderschönen Tibetika-Motiven kaufte ich. Zuhause würde man sich auch an solcher Post erfreuen.

Diese Buchläden waren eine kleine Wunderwelt. Ich empfand sie wie die Spielzeugläden in meiner Kindheit.

Und ein schönes Wort von Haldor Laxness, dem isländischen Schriftsteller und Nobelpreisträger, kam mir wieder in den Sinn : „Ein Mensch ohne Bücher ist blind".

Unser letztes Bier nebst Reisschnaps tranken wir –wie üblich- im Kellerrestaurant unseres Hotels. Wir knabberten dazu gerösteten Reis, hörten die schönen Klänge der drei Nepali-Musikanten, und ich freute mich über das strahlend-freundliche Lächeln der lieben Nepali, die uns so aufmerksam bediente.

Ein junges Mädchen, dessen Eltern schon verstorben waren. Nun waren zwei Brüder ihre Führungspersönlichkeiten im Dschungel dieser Gesellschaft, die für junge Frauen schlechte Lebenschancen bereithält.

Immerhin, diese Arbeit im Hotel musste ihr wie ein Glückstreffer in der Lotterie erschienen sein. Gemessen an dem, was sich nur wenige Schritte neben der kleinen Wohlstands- und Komfortinsel „Manang" auf der Straße ereignete. An diesen Maßstäben gemessen, hatte sie einen Traumjob ergattert!

Der Monatslohn : 1.200,-- Rupien!! 30 Rupien entsprachen einer „Deutschmark" Eine Flasche Carlsberg-Bier kostete uns 200,-- Rupien!
Dieser Vergleich kann vielleicht am besten das Wohlstandsgefälle zwischen uns reichen Westlern und unseren Gastgebern aufzeigen.

Samstag, 30. September

# Skyline

Um halb sechs klingelte das Telefon. Der Weckruf! Trotz Bier und Reisschnaps war ich schon eine ganze Weile vorher aufgewacht und hatte der Geräuschkulisse zugehört, die von der Straße heraufdrang.
Wir verpackten die letzten Dinge und schafften die schwerenSeesäkke hinunter in die Halle.
Ich nahm ungern Abschied vom „Manang". Andererseits war ich ungeheuer gespannt auf den Flug hinauf nach Lukla und das Abenteuer, das von dort aus seinen Lauf nehmen sollte!
Der quirlige Mingma hatte ein geräumiges Taxi besorgt und verstaute nun mit dem Chauffeur unser Gepäck.
Danach fuhren wir zum Inlandsflug-Terminal des Tribhuvan-Flughafens. Hier herrschte zu dieser frühen Stunde ein großer Andrang.

Die Seesäcke wurden ausgeladen und ich wollte die Gelegenheit nutzen, einige Fotos zu schießen. Nun erst wurde mir die Panne bewusst: Mein silberner Alukoffer mit der gesamten Fotoausrüstung war nicht da! Wieder und wieder sah ich im Taxi nach, in der unmittelbaren Umgebung – der Koffer war unauffindbar. Mich beschlichen ungute Gefühle, die sich schnell zu kleinen Panikattacken auswuchsen.

Was sollte ich ohne meine Kameras nur anfangen!? Das Projekt der üblichen Aufarbeitung der Expedition in der großen Dia-Überblendschau konnte ich vergessen. Die Filme, die ich schon belichtet hatte...

Ärger über meine eigene Schusseligkeit stieg in mir auf.

Was sollte ich jetzt tun? Wir mussten einchecken. In einer Stunde sollte der erste Flug nach Lukla gehen! Wir waren auf den ersten Flug gebucht!

Fieberhaft rekapitulierte ich: Der Fotokoffer stand bei den Seesäcken und den Tagesrucksäcken in der Halle des Hotels Manang. Dort musste er wohl beim Einladen des Gepäcks vergessen worden sein.

Mingma hatte den rettenden Einfall. Mr. Shashi Dhar hatte uns auf seinem Motorrad zum Flughafen begleitet.

Er sollte nun zurück nach Thamel fahren, um nach dem Koffer zu sehen.

Ohne Zögern wurde der Plan in die Tat umgesetzt. Ich war froh, dass mir niemand einen Vorwurf machte. Immerhin hatte ich für einigen Sress gesorgt, und es war immer noch unklar, ob die Fahrt von Mr. Shashi überhaupt erfolgreich sein würde.

Dass der Tag aber auch so beginnen musste, ich versuchte die unglücklichen Umstände einem nicht wohlmeinenden Schicksal zuzuschieben. Ich hoffte inständig, dass meine Fotoausrüstung wieder auftauchte und unser Flug planmäßig durchgeführt werden konnte.

Währenddessen verhandelte Nawang mit dem Mann am Schalter der " Skyline", unserer Inlandsfluggesellschaft, die uns nach Lukla befördern sollte.

Es gab offenbar Probleme mit dem Übergewicht der Ausrüstung.

Die Teleskopstöcke mussten auch anders verstaut werden, da die Enden nicht aus dem Rucksack herausschauen durften.

Nach zähen Verhandlungen und mehrfachem Wiegen unserer Seesäcke eröffnete uns Nawang, dass mein Seesack nicht mit dem ersten Flug nach Lukla transportiert werde! Er werde mit dem nächsten Flug nachgeliefert.

Es überraschte mich nicht, wieder einmal Betroffener zu sein.

Offenbar war dieser Tag nicht für mich geschaffen.

Gerade als wir in die Abflughalle gehen wollten, ruderte Mingma mit erhobenem Fotokoffer und strahlendem Gesicht durch die Menschenmenge. Mr. Shashi hatte es also geschafft, und der Koffer war tatsächlich in der Hotellobby vergessen worden. Mir fielen einige Steine vom Herzen!

Das Trinkgeld wollte Mingma später nur widerwillig annehmen.

Das Abfertigungssystem auf dem Tribhuvan-Flughafen wirkte antiquiert. Eine Bodenhostess mühte sich in gewissen Abständen um Gehör, um die Passagiere für die diversen Inlandflüge aufzurufen.

Sie schaffte es natürlich nicht, den allgemeinen Lärm in der Halle zu übertönen. Nur wer sich in ihrer unmittelbaren Nähe aufhielt, war in der Lage, ihre Ansage zu verstehen. Die Nachricht wurde dann durch „Mundpropaganda" weitergereicht, bis auch der letzte Passagier informiert war.

An einigen Stellen der Halle hingen zwar Lautsprecher an der Decke, aber sie erweckten den Eindruck, als wollten sie bald herunterfallen. Wahrscheinlich sollte ihnen deshalb keine Belastungsprobe in Form einer Durchsage zugemutet werden!?

Wir hingen in den grauen Plastiksitzen und beobachteten das Publikum in unserer Umgebung.

Nawang würde schon aufpassen. Mit der großen silbernen Kerosinlaterne stand er in der Halle und unterhielt sich mit einem Bekannten – wahrscheinlich auch einem Sherpaführer auf dem Wege nach Lukla.

Der Flug nach Lukla in der Twin-Otter ist eine kleine Mutprobe. Die geneigte Landebahn fällt steil ins Dhud-Kosi – Tal ab. Am oberen Ende der Piste sorgt eine steile Wand dafür, dass ein zweiter Landeanflug gar nicht möglich wäre.

Äußerste Präzision und eine blinde Kenntnis der Twin-Otter sind Grundvoraussetzung für eine sichere Landung.

Die Flughostess unserer „Skyline" – Otter bemerkte mich mit meiner Kamera . Wir standen vor unserem Flugzeug und mussten noch ein wenig warten, bis nachgetankt war.

Zuerst spielte sie die Kamerascheue, als ich aber mit einer Geste um die Erlaubnis für eine Aufnahme bat, legte sie den Kopf schief und schenkte mir ihr schönstes Lächeln.

Die unergründlichen weiblichen Verhaltensmuster – sie wiederholten sich also auch hier, auf dem Flugfeld in Nepal.

Eine Bodenhostess, die auf dem Flugfeld unsere Reisegruppe zusam-

menhielt, beobachtete die Szene mit einem nachsichtigen Lächeln. Auch sie gab in ihrem schönen, kobaltblauen Sari ein Motiv für meine Kamera ab.
Etwa 20 Reisende hatten sich mitsamt Gepäck in die enge Kabine gezwängt.Nun saßen wir dichtgedrängt auf den schmalen Sitzen und warteten.Eine Bewegung war kaum möglich.
Ich hatte einen Fensterplatz und sah zu, wie der Propeller des rechten Motors kreiste und heiße Abgasschwaden die Luft hinter der Tragfläche flimmern ließ. In der Kabine wurde es rasch stickig – heiß, denn die Frischluftzufuhr war noch nicht in Betrieb.
Ab und an dröhnten die Motoren lauter auf, und das Flugzeug veränderte seine Position auf dem Rollfeld, aber man zögerte noch mit dem Start. Nach etwa zehn Minuten gab der Pilot aus dem Cockpit eine Erklärung.
Der Durchgang zur Pilotenkanzel war offen und über die Schulter gab er uns zu verstehen: „Zu viele Bussarde!"

Über dem Himmel von Kathmandu kreisen diese Vögel beständig auf der Suche nach Fressbarem .
Die vielen wilden Müllkippen sind für ihre Bedürfnisse geradezu ideal. Offenbar hatten die Vögel ihr Betätigungsfeld auf den Flughafenbereich erweitert.
Ob das der wahre Grund für die Verzögerung war, konnten wir nicht erkennen. Als wir nach der schier endlosen Warterei endlich starteten, konnte man einige Stoßseufzer der Erleichterung hören. Zum Glück strömte nun auch frische Luft aus den Düsen über unseren Köpfen ins Kabineninnere.
Die Hostess verteilte Bonbons und kleine Wattebäusche – Gehörschutz !

Es war jetzt kurz vor 9.$^{oo}$ Uhr, als ich Jeni ansprach:
„Wie fühlst du dich?"
„Ganz hervorragend", kam die prompte Antwort, „selten so komfortabel gesessen. Ich brauche keinen Gurt, ich kann mich sowieso nicht bewegen. Es ist eng, wie in einer Sardinenbüchse, und jetzt schauen wir mal... wenn, fallen wir alle zusammen herunter," meinte er sarkastisch.
„Aber es wird schon gut gehen", schloss er das kleine Interview, das ich mit ihm führte.
„Die tollkühnen Männer in ihrer fliegenden Kiste", gab ich zurück.

Die Scherzerei konnte nur notdürftig die innere Anspannung überdecken, die uns nun doch vor dem Flug ergriffen hatte.
Auch Peter und Arron, unsere Freunde aus Schottland, sprachen bereitwillig in das kleine Mikrophon, das ich ihnen entgegenstreckte, um einige O-Ton –Aufnahmen für die Diaschau zu bekommen.
„Und wie fühlst du dich, Arron?"
„Nervous", gab er unumwunden zu.

Der anfangs ruhige Flug wurde aber immer holpriger, je näher wir Lukla kamen. Trotzdem spähten wir voller Vorfreude aus den kleinen Fenstern der Twin-Otter. Die Kette der weißen Himalayariesen zog an der linken Seite als natürliche „Skyline" auf, und unter uns schäumten, tief ins Gebirge eingeschnitten, wilde Flüsse.
Terrassierte Hänge, soweit das Auge reichte, schmucke Häuser , eine grün-weiße Landschaftskomposition unter einem blauen Himmel fesselte unsere Blicke und ließ die Turbulenzen, die unser Flugzeug schüttelten, zur Nebensache werden.
Der Anflug auf die kurze Piste von Lukla kam immer näher und wir reckten die Hälse, um einen Blick durch die Scheiben der Pilotenkanzel zu erhaschen.
Als ich das schmale, braune Band der Landefläche erkannte, hielt ich es für ausgeschlossen, dass man dort niedergehen könnte!
Die Twin-Otter streifte beim Anflug fast die Bäume der letzten Bergkuppen, dann stürzte der Hang jäh ins tiefe Kerbtal ab, in dessen Grund der Dudh – Koshi schäumte.
Und schon waren wir dem Boden greifbar nahe. Hart setzte die Maschine auf, ein lautes Piepssignal aus der Pilotenkanzel ertönte, die Motoren heulten auf, und nach einem ganz kurzen Rollweg und einer anschließenden Rechtskurve stand die Maschine.
Erleichtert und mit einer gehörigen Portion Respekt vor diesen Piloten kletterte ich aus der Kabine.
Zum zweiten Male waren wir in Nepal „angekommen".
Nun aber sollte es ernst werden mit der Expedition, die ja vorläufig in erster Linie ein reizvolles Gedankenspiel gewesen war.

# Kapitel 2

# Der Weg

---

„Steh' auf und iß,
du hast einen weiten Weg vor dir"

1. Buch der Könige 19 3 – 7

---

# Lukla

Die Anlagen des Flugplatzes machten einen heruntergekommenen Eindruck. Die kleine, ebene Fläche am Ende der Rollbahn diente als Platz zum Ein- und Ausladen, zum Besteigen und Verlassen der Flugzeuge. Und da ein reger Flugverkehr ankommender Maschinen eingesetzt hatte, versuchte der Polizist, der für die Sicherheit auf diesem Teil der Anlage zuständig war, mit verzweifelten Pfeifsignalen aus einer silbernen Trillerpfeife und drohendem Schwingen eines schwarzen Stocks eine Ordnung in die Herde der Ankömmlinge zu bringen.

Es war ein fast hoffnungsloses Unterfangen, das zudem noch von den Passagieren durch Bemerkungen und offenes Lachen der Lächerlichkeit preisgegeben wurde.

Dabei war es in der Tat nicht ungefährlich, sich zwischen den Flugzeugen zu bewegen, die mit kreisenden Propellern auf rasche Abfertigung warteten.

Wir verließen den Flugplatz und gingen hinüber zu den ersten Häusern des Ortes. In der „Everest-Lodge" wurden wir schon erwartet. Hier lag auch unsere Ausrüstung für den Trek ins Basislager bereit.

Zwei neugierige, verdreckte Kinder standen im Türrahmen, als wir die Lodge betraten. Im Halbdunkel tasteten wir uns eine enge, steile Holztreppe hinauf. Im ersten Stock befanden sich hinter einem Vorhang, der als Tür diente, Aufenthalts- und Schlafräume.

Zwei lange Tisch- und Bankreihen beherrschten die Raumaufteilung. An den Wänden waren Poster mit Bergmotiven aus dem Himalaya angeheftet, daneben lächelte der Dalai Lama gütig von einem Foto auf uns herab.

Mit unseren schottischen Freunden Peter und Arron aßen wir eine Kleinigkeit, tranken Tee, heißen Orangensaft und warteten auf meinen Seesack, der tatsächlich nach einer guten Stunde vom Flugfeld herübergeschleppt wurde.

Ich fand in den Räumen der Lodge keine Ruhe. Vielleicht konnte ich ein paar Fotos machen?

Die Luft draußen war erfüllt vom lauten Geknatter der schweren russischen Transporthubschrauber,die das gute Flugwetter nutzten. Alle erdenklichen Güter brachten sie nach Lukla herauf.

Der Weitertransport erfolgte dann auf dem Rücken der Träger oder der Yaks, die an Pfosten angebunden auf der einzigen Durchgangsstraße Luklas warteten.

Die ganze Szenerie erinnerte an die Kulissen von Wildwestfilm-Towns.

Vor dem Flugfeld hatten sich Gruppen von Männern und Jugendlichen versammelt, die darauf warteten, als Träger angeheuert zu werden. Nawang führte schon Verhandlungen und die potentiellen Träger prüften das Gewicht der Lasten,die nach Namche Bazar transportiert werden mussten.

Wir vereinbarten mit unserem Sirdar, uns in unserem ersten Etappenziel, Phading, am Abend zu treffen.

Die Warterei hatte uns ungeduldig gemacht, wir wollten nun losmarschieren.

Wir schulterten unsere Rucsäcke, brachten die Teleskopstöcke auf die richtige Länge und machten uns auf den Weg nach Norden.

Die Häuser , die die unbefestigte Straße säumten, wirkten - ähnlich wie in Kathmandu – heruntergekommen und wenig einladend. Die Leute lungerten auf dem Gehweg vor den Häusern und sahen den Trekkern nach.

Was wohl in den Köpfen dieser Menschen vor sich ging? Allein die Kleidung der Westler machte die Fremden unermesslich reich. Ein merkwürdiger, träger Fatalismus schien die Leute zu lähmen.

Als wir den Stupa am Ortsende passierten, stand da ein halbnackter kleiner Junge im Straßenschmutz, vielleicht war er gerade mal zwei Jahre alt. Mit ernsten Augen blickte er mich an und grüßte mit seinem Piepsstimmchen: „Namaste!"

Der Kleine rührte mich . Ich fuhr ihm über sein verschmutztes Haar und dankte ihm ebenfalls mit einem"Namaste".Ein kleines Kind hieß uns willkommen. Das konnte nur ein gutes Omen sein!

Die Kinder in Nepal erschienen mir in den allermeisten Fällen wie Erwachsene im Kleinformat.

Ich bin mir nicht klar darüber geworden, wovon dieser Eindruck erweckt wurde. Ich glaube, es waren die ernsten Augen, mit denen sie in die Welt schauten.

Der Weg nach Phading bereitete uns keine Schwierigkeiten. Im Gegenteil, wir fanden nun endlich zu der Einstellung, die notwendig ist, wenn man dieses Traumland der Sherpas auf sich wirken lassen will.

Es war eine herrliche Wanderung vorbei an Manitafeln mit in Stein gehauenen Gebetsformeln, großen, kunstvoll bearbeiteten Felsblöcken mit dem immer wiederkehrenden Mantra „Om mani padme hum".

Wunderschöne Schriftzeichen, teilweise auch mit Farbe aus dem Stein hervorgehoben.

Unregelmäßig in die Landschaft eingestreut ragten Fahnenmasten mit vielen bunten Gebetsfähnchen in den Himmel. Der Wind sollte die darauf gedruckten Gebete fort in die Weite des Himmels tragen.

Und auch das bemerkte ich: Die Häuser in den kleinen Weilern waren gepflegt und hatten schöne, bunt verzierte Fensterrahmen . Blumen auf den Fernsterbrettern zeigten **auch** den Sinn der Bewohner für das Schöne.

Das Land öffnete sich uns in einem harmonischen Zusammenwirken aller Landschaftselemente und begeisterte mich. Ständig entdeckte ich neue Motive für meine Kamera, fotografierte und war glücklich, hier zu sein.

Dem tat auch ein kurzer Regenschauer keinen Abbruch. Es sollte der einzige Regen bleiben, den wir auf dem gesamten Trek abbekamen. Wir zogen uns für eine Weile in eine Lodge zurück, tranken einen Tee und warteten, bis der Schauer vorbei war.

Auf dem Weiterweg begegneten wir einer Gruppe Amerikaner. Eine junge Frau aus ihren Reihen war von meinem T-Shirt begeistert. Ich hatte für uns besondere Aufdrucke für die Expeditionsshirts anfertigen lassen.

Monumentale Gebirgslandschaft mit der Aufschrift:

---

**„Parabiber Expedition 2000 – Lobuche Peak, 6.119 m – Area Mount Everest".**

---

Ich erklärte Cheryl Heyser, so stellte sich die junge Dame vor, was das Motiv bedeutete.

„Oh, you are **climbers**!", bedachte sie uns mit einer gehörigen Portion Respekt und Anerkennung in der Stimme. Und ich wuchs innerlich und konnte mich von der üblichen Trekkergemeinde abheben.

Wir tauschten noch E -Mail -Adressen aus und zogen, jeder in seiner Richtung, weiter. Cheryl nach Lukla und wir in den Himalaya hinein.

Cheryl wohnte zeitweise im Ibis-Hotel in Mainz und wollte sich gerne unsere angekündigte Diaschau über die Expedition ansehen. Bei mir selbst konnte ich wieder eine veränderte Einstellung anderen Menschen gegenüber feststellen.

Wie immer beim Unterwegssein legte ich meine eher zurückhaltende, beobachtende Art ab und ging offen auf Menschen zu. Und das machte Freude, die mir auch vom jeweiligen Gegenüber entgegengebracht wurde.

Dann erreichten wir auch schon bald die ersten Häuser von Phading, und eine Inschrift am Wegesrand hieß uns willkommen. Gutgelaunt machten wir Fotos und sollten noch nicht ahnen, dass das „welcome to Pading" für Jeni **so** nicht zutreffen sollte...

Nach einer guten halben Stunde trafen unsere Träger mit ihren schweren Lasten ein, und Nawang bestimmte den Platz zum Übernachten.

Er hatte eine Lodge ausgangs des Ortes in der Nähe der Hängebrücke über den Dudh-Koshi ausgesucht.

Das Wiesengelände hinter dem Gebäude stieg leicht zu einer kleinen Terrassenebene an, wo das Brennholz gelagert war. Hier schlugen wir die Zelte auf. Für uns gab es nagelneue schöne Kuppelzelte. Ich begnügte mich mit dem kleineren der beiden Zelte - für eine Person war es ausreichend groß – und freute mich schon auf die Ruhe im warmen Schlafsack und meine Musik vom Mini-Disc-Player.

Jeni hatte sein Zelt wenige Schritte entfernt aufgebaut bekommen.

Wir räumten unsere Sachen ein und sahen uns ein wenig um. Wir hatten Nachbarn – eine Trekkergruppe mit zwei hochgewachsenen Blondinen aus Berlin. Etwas entfernt lagerte im Talgrund eine „Summit-Club" – Mannschaft, die sich die Ama Dablam als Expeditionsziel ausgesucht hatte.

Als Nawang uns zum Essen rief, war es schon dunkel. Ich nahm daher meine Taschenlampe mit, um uns den kleinen Fußweg zur Lodge hinunter zu leuchten. Schon nach wenigen Schritten erwies sich diese Maßnahme als überflüssig, denn ich rutschte auf der behelfsmäßigen Treppe, die unsere Zeltterrasse mit dem Niveau der Lodge verband, aus!

Die Treppensteine waren glatt, und meine feuchten Turnschuhsohlen taten das Ihre, um mich mit der Stirn an den Holzpfosten knallen zu lassen , der das Geländer trug.

Zum Glück gab es keine Platzwunde. Die Beule würde sich schon wieder verziehen. Dennoch irritierte mich dieser Vorfall ein wenig, und meine Gedanken schweiften beim Essen immer wieder ab und versuchten meine Ungeschicklichkeit zu erklären.

Dabei hatte Pasang so gut gekocht: Gebratene Kartoffeln mit Möhren, Reis, Fleischsoße, grüne Bohnen.

Vorab gab es eine gut gewürzte Suppe und als Nachtisch „Tutti Frutti" aus der Dose.

In einer devoten Zurückhaltung wurden uns die Speisen serviert. Wir aßen ganz alleine in der großen Stube der Lodge. Sahibs...

Die Wirtsleute der Lodge mit ihren beiden Buben hantierten am Feuer des eisernen Herdes, das Feuer flackerte hell auf, wenn der eine der Buben mit seiner Windmaschine die Glut an den kräftigen Holzscheiten anblies.

Und hin und wieder schauten sie aus den Augenwinkeln zu uns herüber, um uns einzuordnen.

Jeni und ich unterhielten uns noch ein wenig, aber die vielfältigen Eindrücke des Tages hatten uns beide doch ermüdet, und so tasteten wir uns zeitig wieder durch die Dunkelheit zurück zu unserem Zeltplatz.

Ich kroch in meinen Schlafsack, setzte den Mini-Disc-Player in Gang und hörte passende Musik: Oliver Shanty, „Circles of life". Dazu drehte sich das Karussell der Bilder dieses Tages vor meinem geistigen Auge immer schneller, und nach kurzer Zeit war ich eingeschlafen.

# Phading

Der nächste Morgen, es war Sonntag, der 1. Oktober, hielt eine böse Überraschung für uns bereit !

Um 5.$^{3o}$ Uhr weckte uns der Küchenjunge mit dem „early-morning-tea", den er uns traditionsgemäß am Zelt servierte.

Ich ließ den heißen Tee ein wenig abkühlen und fotografierte in der Zwischenzeit das schöne Farbspiel, das die aufgehende Sonne auf die Gipfel der gegenüberliegenden Talseite zauberte.

Ich hatte gerade meinen Tee getrunken, als Jeni aus seinem Zelt rief, er habe ein Problem.

Zunächst dachte ich an eines der üblichen Packprobleme, mit denen sich Jeni ständig auseinandersetzen musste.

Aber das Problem stellte sich als ein langer Riss in der Zeltplane - dicht über dem Boden - heraus.

Jeni dachte, er habe das nagelneue Zelt durch eine unachtsame Bewegung im Schlaf oder durch zu heftiges Ablegen der schweren Seesäcke beschädigt. Doch ich konnte mir solche Qualitätsmängel bei einem neuen Zelt nicht vorstellen.

Ich betrachtete mir das Malheur noch einmal von außen und fand Jenis Geldbeutel im feuchten Gras.

Schnell stellte sich nun heraus, dass Jeni das Opfer eines Überfalls in der Nacht geworden war:

Aus dem Geldbeutel fehlten 500 Dollar, 5.000 Rupien und noch deutsches Geld. Daneben wurden zu Jenis größtem Ärger auch noch die gut eingelaufenen Trekkingschuhe geraubt!

Ein schlimmer Schock für Jeni, dessen Nepalbild nun ins Wanken geriet. Ein entsetzlicher Gedanke, im Schlaf in unmittelbarer Nähe auf diese Weise ausgeraubt zu werden!

Später erfuhren wir, dass auch die „Summit-Club" – Expedition, die zur Ama Dablam unterwegs war, in dieser Nacht Opfer geworden war. Ihre Hochlagerzelte hatten die Begehrlichkeit der Räuber geweckt.

Deprimiert packten wir für den Weitermarsch zusammen. Jeni kränkte sich weniger über den Verlust des Geldes. Vielmehr wurde an je-

nem Morgen eine Idee zu Grabe getragen. Die Idee von der unverdorbenen Gesellschaft der Sherpas hier oben im Gebirge.
Noch nie hatten wir von derartigen Überfällen gehört. Solche unliebsamen Begleiterscheinungen wusste man eher im Karakorum oder im indischen Teil des Himalayas zuhause.
Ich erinnerte mich an die dreisten Überfälle am helllichten Tag in der Provence, als wir in Moustiers zelteten.
Schlagartig war auch mir damals die Freude an der herbschönen Landschaft und ihren Menschen vergällt worden.
Daher hoffte ich inständig, dass Jeni sich nun nicht in eine Phobie verrannte, die die nächsten Tage und Wochen verdunkeln konnte.
Andererseits war ich zuversichtlich, dass ihm sein scharfer Verstand einen Weg aus der Sinnkrise weisen werde.
Ein solches Negativerlebnis lässt einen die Menschen, die einen umgeben, mit ganz anderen Augen sehen.
Man neigt zu Verdächtigungen und ordnet die Verhaltensweisen der Menschen in dieses eigene innere Fahndungsraster ein: Die Träger aus Lukla, benehmen sie sich nicht merkwürdig? Sie beobachten uns aus den Augenwinkeln, tuscheln...
Leicht kann man Ungerechtigkeiten wecken, die die Situation nur noch verschärfen.

Das Frühstück wollte uns nicht besonders schmecken. Ich warnte noch die beiden Berlinerinnen, die mit uns den Lagerplatz geteilt hatten, dann machten wir uns um 7.$^{00}$ Uhr in großer Niedergeschlagenheit auf den Weg nach Namche Bazar hinauf.

Die schönen Eindrücke, die sich uns boten, der wilde Dudh Koshi, die spektakulären Hängebrücken, die Sherpahäuser, in denen wir heiße Zitrone tranken, wurden von den Schockbildern des Morgens in Phading überlagert.
Am Eingang des Everest-Nationalparks, der militärisch gesichert war wie eine Festung, starrten uns mit MPs und automatischen Gewehren bewaffnete Uniformierte mit unfreundlichen Augen an.
Zu Gesprächen waren sie auch nicht bereit. Sie machten mit ihrer Haltung nur deutlich, dass sie entweder die Trekker oder ihren Job nicht mochten.
Nawang betrat die Holzbaracke neben dem Gatter, die als Büro diente, um die Formalitäten zu erledigen und die Permits zu lösen.
Wir saßen derweil draußen in der Sonne, musterten die übrigen Ein-

trittswilligen und die mürrischen Soldaten und lasen die großen Schilder, die neben dem Eingangsgatter angebracht waren, Verhaltensmaßregeln für den Aufenthalt im Nationalpark gaben und vor der Höhenkrankheit warnten:

## „ Altitude kills!"

Als Nawang endlich mit den Permits aus der Baracke kam, verließen wir den ungastlichen Ort.

Um die Mittagszeit erreichten wir dann den Beginn der steilen Rampe, die hinauf nach Namche leitet.

Hier machten wir am Ufer des wildrauschenden Flusses Rast und packten die Lunchpakete aus, die uns Pasang am Morgen mitgegeben hatte.

Die Träger kneteten in kleinen Aluminiumgefäßen ihr Gerstenmehl mit etwas Flüssigkeit zu mundgerechten Bissen. Die Tsampa war alles, was sie zu sich nahmen!

Kurz bevor wir wieder aufbrechen wollten, humpelte ein junges Mädchen aus Richtung Namche kommend zum Fluss herunter. Das linke Fußgelenk war bandagiert. Ich sprach die Ärmste auf Englisch an, aber bald merkten wir, dass wir uns auch auf Deutsch verständigen konnten: Der Heimatort meines Gegenübers war Finthen!

Jeni berührte das wenig, er war noch in seiner Negativstimmung gefangen. Im Gegenteil, er verurteilte das Auftreten der Landsleute als Belästigung. Seine Neugier auf andere Menschen hielt sich in engen Grenzen. Ich dagegen freute mich immer, ein wenig mit Gleichgesinnten plaudern zu können.

Jeni gegenüber verglich ich die Situation mit einem Besuch im Kino. Ein schöner Film fasziniert mich dann auch, und die übrigen Kinobesucher nehme ich als Leute wahr, die ähnlich empfinden wie ich selbst oder irgendwo ähnliche Interessen haben.

Mit allen guten Wünschen verabschiedete ich mich von der Alleingeherin, sie würde noch einige Qual mit ihrer Bänderdehnung auszustehen haben, bis sie Lukla erreichte...

Die steile Rampe hinauf nach Namche wurde in irgendeiner Beschreibung, die wir vorher gelesen hatten, als eine ungeheuere körperliche Herausforderung beschrieben. Nichts davon traf für uns zu.

Wir folgten dem steilen Pfad, der uns immer weiter nach oben führte. An einer Steintreppe fragte ich mich, wie die schwerbeladenen Yaks diesen Wegabschnitt eigentlich bewältigen können.

„ Das ist kein Problem, nein , kein Problem", lachte Nawang.

Wir genossen vielmehr den Aufstieg durch die Waldzone. Unser Sirdar tat ein übriges dazu, indem er uns schon auf den ersten Blick zum Mount Everest einstimmte, den wir irgendwann in kurzer Zeit erwarten konnten.

Und dann plötzlich nach einer Wegbiegung erblickten wir am Horizont ein Panorama, das mir das Herz noch höher schlagen ließ und eine erste Ahnung von der Großartigkeit der Landschaft vermittelte, die uns erwartete.

In den strahlend-blauen Himmel ragte die Nuptse – Wand auf, und dahinter erhob sich die charakteristische Gipfelpyramide des Everest!

Zum ersten Male sah ich den Riesenberg in natura – ein lange Jahre gehegter Wunsch wurde wahr.

Ich stellte mir all die Expeditionen vor, die von hier aus auch diesen Blick auf ihr Ziel hatten. Welche Gedanken mögen den Leuten dabei durch den Kopf gegangen sein?

Später konnten wir den Riesen noch ein zweites Mal bestaunen.

Hoffentlich bietet sich uns vom Kala Pattar und vom Lobuje Peak ein ebenso makellos schönes Panorama, ging es mir dabei durch den Sinn .

# Namche Bazar

Es war etwa 13.<sup>00</sup> Uhr, als wir das mit buddhistischen Motiven verzierte Stadttor von Namche durchschritten.
Der Berghang öffnete sich hier wie eine riesige Caldera.
Wir wandten uns nach links und passierten einen Stupa. Hier überwachten die alles sehenden Augen Buddhas die Ein- und Ausgehenden.
Dieser Stupa beherrscht die einzige größere ebene Fläche Namches, wo auch der berühmte Markt abgehalten wird.
Um diesen zentralen Platz steigen die Häuser der Stadt wie in einem antiken Amphitheater halbkreisförmig die Hänge hinauf. Die ungewöhnlichste Stadtanlage, die ich je gesehen hatte!
Die meisten Häuser tragen blaue Blechdächer, Fenstersimse und Türrahmen sind reich verziert und farblich abgesetzt, viele bunte Gebetsfahnen flattern im Wind... all das gibt dem Panorama einen schmucken, heiter – malerischen Anstrich.
Nawang hatte uns im Hause seiner Schwiegereltern einquartiert. Ein schöner Bau, der sich hoch oben an die linke Seite des Talkessels krallte.
Wir bekamen ein sauberes Zimmer, das mit allerlei Expeditionsgut vollgestopft war. Unser Sirdar und sein Schwiegervater kamen ins Zimmer und überzeugten sich davon, dass wir es behaglich hatten. Offenbar war dies ein kleiner Stützpunkt von „Ang –Rita – Trek".

Von dem umlaufenden Balkon hatte man einen einzigartigen Blick auf Namche und die Sechstausender, die den Talkessel einfassten.
An den Holzwänden unseres Zimmers hingen Familienfotos: Nawangs Hochzeit, die Tochter des Hauses, die in Dänemark verheiratet ist, Enkelkinder und natürlich der Dalai Lama.
Nawangs Schwiegereltern lebten in einem gewissen Wohlstand. Da gab es ein Fernsehgerät nebst Videorecorder und sogar einen Telefonanschluss.
Hier sollten wir zwei vergleichsweise luxuriöse Tage verbringen.
Die Schwiegereltern strahlten eine heitere, gelassene Fröhlichkeit, Warmherzigkeit und Gastfreundschaft aus. Jedes Mal, wenn sie einen von uns gewahr wurden, nickten sie eifrig mit dem Kopf, strahl-

ten über das ganze breite Gesicht und sprachen ihre Segens- und Willkommensworte.

Am Nachmittag schlenderten wir durch die engen Gässchen Namches, betrachteten das verwirrende Angebot von schönen Mitbringseln und Jeni gelang es, ein Paar Ersatzschuhe für seine gestohlenen Trekkingschuhe zu finden.

Der Tragekomfort entsprach natürlich nicht dem seiner eingelaufenen Exemplare. Es war sein persönlicher Obolus an den Himalaya: Wenn Jeni längst daheim sein wird, werden seine Schuhe vielleicht noch jahrelang durch den Himalaya laufen...

In den kleinen Läden von Namche gibt es fast alles zu kaufen, was man bei einem Trek benötigt.

Natürlich sind die billigen „North Face" - Kleidungsstücke Repliken, ebenso die „Patagonia"-Sachen.

Dennoch, ich fand einen günstigen Regenponcho, den ich nie zum Einsatz bringen musste, einen Regenschutz für den Rucksack und einen Faserpelz-Innenschlafsack. Man sollte aber nie das Verhandeln vergessen!

Namche Bazar – Nomen est Omen... Nawang hatte uns den Tipp gegeben, vom geforderten Ausgangspreis zunächst immer die Hälfte zu bieten.

Im Cafe Daphne erlaubte ich mir einen Kaffee und ein wunderbares Stück Apfelstrudel. Hier saßen die Trekker beisammen, erzählten, knüpften neue Kontakte und kamen sich sehr wichtig vor.

Nach einem „Long-distance-call" in die Heimat stiegen wir wieder hin-auf zu unserem vorläufigen Domizil, dem „blauen Haus" – wie ich es für mich selber wegen seines charakteristischen Äußeren genannt hatte.

Nach dem Abendessen, das wir wieder allein  in dem großen Wohn- und Schlafraum unserer Gastfamilie einnahmen, spazierten wir noch einmal durch die nun dunklen Gassen und Winkel von Namche.

In dem großen Gebäude, das die" Hauptgeschäftsstraße" dominierte, ertönten aus den oberen Stockwerken die typischen Sing-Sang-Laute buddhistischer Religionszeremonien, begleitet vom Getöse der Musikinstrumente. Eine sonderbare Begleitmusik für unseren kleinen Bummel – fremd, faszinierend und anziehend zugleich.

Dann warfen wir noch einen Blick in den „Paradise-Club", wo ein offensichtlich zugekiffter Amerikaner alleine für sich tanzte und dabei die Arme in der Luft kreiste. Als er meiner ansichtig wurde, win-

kte er aufgeregt, ich solle doch mitmachen ...
Der Club war wohl ein Geheimtip für Leute mit ganz speziellen Vorlieben...
Wir verließen schnell diesen merkwürdigen Amüsierbetrieb und stiegen über die engen Gässchen und Steintreppen hinauf zu unserer Herberge. Dort schrieb ich noch meinen Tagebucheintrag zu Ende, und um $22.^{oo}$ Uhr begann die grässliche Nacht.
Ganz unvorbereitet kamen die Kopfschmerzen, die immer heftiger wurden, bis ich das Gefühl hatte, mein Hinterschädel berste jeden Augenblick. Aspirin blieb ohne Wirkung, auch Jenis Ibuprofen vertrieb den Schmerz nicht, linderte ihn aber ein klein wenig.
So litt ich weiter, jede Liegeposition war mir schon nach kurzer Zeit lästig. An Schlaf war nicht zu denken, an Musik von meinem Mini-Disc-Player schon gar nicht – obwohl ich mich noch vor einer Stunde so auf dieses schöne Musik-Einschlafritual gefreut hatte.
Statt der Musik hörte ich zwangsläufig nur dem emsigen, unablässigen Gerenne der Mäuse auf dem Dachboden über unseren Köpfen zu.
Wieder einmal bezahlte ich für den schnellen Höhengewinn dieses Tages und beneidete im stillen Jeni, der von derlei Unannehmlichkeiten verschont blieb.
Zu allem Überfluss entfaltete nun auch das Diamox , das mir Jeni als Prophylaxe gegen die Auswirkungen der Höhenkrankheit gegeben hatte, seine entwässernde Wirkung. Fast stündlich trieb es mich aus dem Schlafsack.
Dann musste ich mich wieder anziehen, die enge Holzstiege im Schein der kleinen Maglite hinuntertasten, um das Klohäuschen im Hof draußen zu erreichen.

Um $2.^{oo}$ Uhr in der Nacht ereilte aber auch Jeni das Ungemach: Er stand hastig auf und begann einen Wettlauf zum Toilettenhäuschen – mit einer Diarrhoe-Attacke!!
So blieben wir - trotz aller Vorsicht - doch nicht von dieser überaus leidigen Sache verschont, nachdem wir Kathmandu überstanden hatten.

Montag, 2. Oktober

Irgendwann in dieser Nacht musste ich doch eingeschlafen sein, denn gegen 6.$^{oo}$ Uhr wachte ich auf und war – " **schmerzfrei** !!
Über diesen Umstand war ich so glücklich, dass ich erfrischt und munter aus dem Schlafsack sprang, um den über 6.000 m hohen Kongde Ri im klaren Licht der aufgehenden Sonne zu fotografieren. Er war gewissermaßen unser „Hausberg", erhob er sich doch fast in greifbarer Nähe jenseits der tiefen, dunklen Schlucht des Bhote Kosi.
Gleich darauf kam auch schon Pasang Tamang mit dem early-morning-tea.
Jeni war weniger gut in den Tag gekommen. Der Ärmste lag mit seiner Magen-Darm-Infektion darnieder.
Nach einer Katzenwäsche im Hof neben den Plumpsklos – Pasang hatte in einer kleinen Aluminiumschüssel warmes Wasser für mich vorbereitet – frühstückten wir Spiegeleier , Tschapatti, Tee und Kaffee.
Dann brachen wir zur Wanderung nach Thame auf. Heute wollten wir Ang Rita besuchen.

# Ang Rita Sherpa, der Schneeleopard - Begegnung mit einer Legende

W er sich mit der Geschichte des Expeditionsbergsteigens im Himalaya beschäftigt, der wird zwangsläufig auf den Namen eines Mannes stoßen, dessen Leistungen auf den höchsten Bergen der Erde einen einsamen Rekord darstellen.
Er ist allerdings keiner jener modernen Helden, die auf der Suche nach dem Ich oder der Wahrheit oder beidem sind und sich dazu des Mittels „Der letzten Herausforderung... In eisigen Höhen" bedienen.
Nein, der Sherpa Ang Rita gehört nicht zu den Superstars der Bergsteigerszene. Dafür hielt er aber lange Zeit einen einsamen Rekord.
Er stand bereits zehn Mal auf der Spitze des Dachs der Welt – ohne Sauerstoffmaske!

Neben dieser Glanzleistung am Everest bestieg Ang Rita dreimal den Dhaulagiri, zweimal den Cho Oyu und einmal den Makalu. Eine ganz außergewöhnliche Leistung, von der in Europa nur Insider wissen.

Und irgendwann im Laufe seiner Sherpakarriere wurde Ang Rita zum „Schneeleoparden".

Erst seit kurzem hat der Sherpa Apa Sherpa diesen Everest-Rekord eingestellt.

Wir wollten diesen Menschen kennenlernen, und unser Rasttag in Namche Bazar konnte dafür sinnvoll genutzt werden.

Nawang hatte gestern den Besuchstermin mit Ang Rita abgesprochen, wir wurden erwartet.

Zeitig in der Frühe brachen wir zu unserer Wanderung nach Thame auf. Nawang stammt wie Ang Rita aus diesem Sherpadorf in der Nähe von Namche und kennt daher den „Schneeleoparden" und seine Lebensumstände recht genau.

Über einen schmalen Pfad erreichten wir die Passhöhe oberhalb von Namche. Tief unter uns rauschte weiß-grün der Bhote Kosi, in einer engen Schlucht. Gebetsfahnen flatterten im klaren Morgenlicht und die vielen Manisteine wiesen die Anhöhe als mystischen Ort aus.

„Es ist ein Platz des Klosters von Thame, hier werden auch Feuerbestattungen vorgenommen", erklärte Nawang.

Der Weg nach Thame wurde zu einer herrlichen Wanderung vorbei an Stupas und Manimauern mit uralten Gedenksteinen . Er führte uns in eine unverfälschte Sherpa-Landschaft ohne die Trekkerkolonnen und Werbeschilder auf dem „Everest-Highway".

„Das ist das Haus", Nawang zeigte auf eines der typischen Steinhäuser mit Blechdach als Zugeständnis an die Moderne. Aus einem der Fenster blickte ein freundlich lächelnder Mann, dessen Gesichtszüge ich von Fotos sogleich erkannte. Das war Ang Rita. Er rief Nawang etwas zu und bedeutete uns einzutreten.

Über eine schmale, steile Holztreppe stiegen wir hinauf in den großen Raum, der wie in den Sherpahäusern üblich, Küche, Wohn- und Schlafraum in einem ist.

„Vorsicht, pass' auf deinen Kopf auf", riet mir Nawang. In der Tat, die Türen in den Sherpahäusern sind sehr niedrig, und wir hochgewachsenen Europäer müssen den Kopf beim Betreten der Räume einziehen.

„Hello, Mr. Ang Rita, Namaste", begrüßte ich den Sherpa, „wir haben schon so viel von Ihren Taten im Himalaya gehört, deshalb wollten wir sie gerne einmal kennenlernen:"
Ang Rita lachte teils verlegen, teils geschmeichelt und bat uns, auf der langen Bank vor der Fensterreihe Platz zu nehmen.
Da stand ein eher schmächtiger Mann vor uns. Sein ovales Gesicht war von der Sonne stark gebräunt, und auf dem schwarzen Haar saß keck eine Baseballmütze.Unter langen, dunklen Wimpern blickten uns offene, braune Augen freundlich an. Man hätte diesem Menschen auf Anhieb keine Rekordleistungen zugetraut.
Wir hatten einen Zeitungsartikel mit Ang Ritas Fotos mitgebracht und wollten wissen, ob ihm der Artikel bekannt sei.
„Ich kenne diesen Mann nicht", bekannte Ang Rita lachend und erzählte uns dann von einer Magenoperation, der er sich habe unterziehen müssen. Fast einen Monat habe er in Kathmandu im Hospital zubringen müssen. Er sagte das so, als sei **dies** einer der schwersten Abschnitte seines Lebens gewesen. Aber nun sei er gesundheitlich wiederhergestellt.
Ich bezweifelte das, denn der Mann, der mit uns plauderte, wirkte mit seinen eingefallenen Schultern zart und zerbrechlich.
Jeni machte ihm ein Kompliment: „Sie sehen jünger aus, als auf den Zeitungsfotos."
„Ach, so wie ich jetzt aussehe, sehe ich immer aus, wenn ich auf Expeditionen unterwegs bin. Diese Fotos wurden in der Stadt gemacht. In der Stadt verändert man sich."

*„Könnten sie uns etwas über das Bergsteigen am Everest erzählen? Ich glaube, ihr letzter Aufstieg war der mit dem Schweden Göran Kropp?"* *

„ Oh ja, das stimmt!"
Bereitwillig ging Ang Rita auf meine Bitte ein und zog ein Fazit seines „Berufslebens" am Everest:
„Es war immer eine schwere Arbeit. Ich begann das alles im Alter von dreizehn Jahren als Küchenjunge", sinnierte er und nickte dabei nachdenklich mit dem Kopf.
„Dann wurde ich Sherpa und schließlich Sirdar..."

---

* Göran verlor sein Leben im Oktober 2002 bei einem Kletterunfall in den USA 1996 war Göran mit dem **Fahrrad** von Schweden nach Nepal gereist, um den Everest zu besteigen. Danach reiste er mit dem Fahrrad wieder in die Heimat !

Ang Ritas Englisch ist nicht gerade geschliffen, so dass er hin und wieder in ein lustiges Kauderwelsch aus englischen Ausdrücken versetzt mit Nepali verfiel.

In solchen Fällen war Sirdar Nawang eine Hilfe, der geduldig als Dolmetscher fungierte.

Allerdings hatte ich manchmal den Verdacht, er filtere auch bestimmte Passagen.

*„Waren die Expeditionen früher schwerer durchzuführen?"*
„Ach, Expeditionen sind immer kein einfacher Job. Wenn wir Sherpas Geld verdienen wollten, mussten wir hart für den Erfolg der Sahibs arbeiten. Diese Leute hatten viel Geld an die Regierung bezahlt und viel Geld für ihre Ausrüstung ausgegeben. Sie standen oft unter dem Zwang erfolgreich zu sein und den Gipfel des Everest zu erreichen. Das ist der Grund, weshalb von uns verlangt wurde, hart zu arbeiten".

*„Gab es auch Situationen am Berg, in denen sie Angst verspürten?"*
Ang Rita wich der Frage aus.
„Beim Erfolg ist jeder glücklich. Bei Misserfolgen gibt es kein Glück."

Ang Ritas Sinn für Humor blitzte erneut auf, als ich meine Kamera ansetzte, um einige Portraitfotos zu machen.

Ich hatte artig gefragt, ob es gestattet sei, und Ang Rita beschied mir, ich solle doch bitte ein paar Witze erzählen, damit er lachend abgebildet werde. Dies ergebe doch schönere Fotos!

Dabei legte er den Kopf in den Nacken, lachte herzhaft, und ich hatte mein Motiv im schönsten Seitenlicht.

Als Sherpa hat Ang Rita ein eher fein geschnittenes Gesicht. Die bronzene Hautfarbe und der faltenfreie Teint geben ihm mit den stets wachen, flinken Augen ein fast jungenhaftes Aussehen. Wenn er lacht, werden zwei Reihen makellos weißer Zähne sichtbar.

„Es ist immer dasselbe mit den Europäern, sie müssen ihre Erinnerungen mit der Kamera nach Hause nehmen", erklärte Jeni. Aber Ang Rita war diese Unart der Westler längst bekannt und er ließ die Prozedur des Fotografierens über sich ergehen, als sei das Leben vor dem Auge der Kamera für ihn Routine.

Dann lachte er und machte sich doch noch lustig über mich:
„All diese Bilder nur von mir? Ich komme mir vor wie ein großer
Lama!"

Wir hatten inzwischen unsere Tassen mit dem heißen Zitronentee
geleert, und mit einer angedeuteten Geste der rechten Hand befahl
Ang Rita seiner Tochter, uns nachzuschenken.
Zwei kleine Buben von vielleicht drei oder vier Jahren, Ang Ritas
Enkelkinder, waren auch neugierig nähergekommen und lärmten nun
im Zimmer.
Missbilligend nahm Ang Rita dies zur Kenntnis und gab seiner
Hoffnung Ausdruck: „ Jetzt sind sie noch klein, das ist schwierig. Es
wird besser werden, wenn sie größer sind."

*„Ang Rita, kennen sie Reinhold Messner"*, fragte ich scherzend.
Ang Rita lachte: „Messner ist berühmt, und Ang Rita ist berühmt!"
Damit war das Thema für ihn erschöpft.

*„Man hört, Messner sei in Nepal nicht so wohlgelitten"*, warf Jeni
ein.
Ang Ritas Antwort war verschmitzt diplomatisch:" Seine Mutter hat
ihm ja das Bergsteigen verboten. Es ist nun genug damit..."

Dann kamen wir auf die schlimme Katastrophe am Everest von 1996
zu sprechen.

„Ja, auf den 800 Metern zwischen Südsattel und Gipfel starben damals viele Leute". Die Ereignisse jener Tage schienen noch sehr
frisch in seinen Erinnerungen zu sein.

*„Aber sie stiegen an diesem Tag nicht auf, obwohl das Wetter doch
gut war, warum nicht"*, wollte Jeni wissen.

„Nun, die Leiter der anderen Expeditionen wollten mit mir diskutier-
en. Sie wollten aufsteigen. Aber ich riet ihnen ab. Das Wetter war
nicht gut. Ich spürte es. Deshalb wartete ich lieber ab. Ich blieb da
oben auf 8.000 Metern – eine Woche blieb ich auf 8.000 Metern auf
dem Südsattel! Und dann, als das Wetter klar wurde, beschloss ich
schnell zum Gipfel zu gehen, schnell! So machte ich es auch am Cho
Oyu.

Die Leute kamen und fragten, Ang Rita, was tun wir? Geht, sagte ich, schnell, schnell, schnell, oder sterbt !!"

Wir waren durch das Gespräch rasch vertraut geworden, und Jeni erlaubte sich eine persönliche Frage:

*„Welche Gefühle stellen sich bei ihnen ein, bei dem Gedanken, jetzt nicht mehr auf die hohen Berge gehen zu können. Ist es ein positives Gefühl zu sagen ‚Das war es', oder fehlt ihrem Leben nun ein wichtiger Inhalt?"*

„Ich möchte so gerne wieder gehen", bekannte Ang Rita mit ernster Miene.

*„Sie lieben die Berge?"*
„Oh ja! Obwohl es kein guter Job ist und es nicht unbedingt viel zu verdienen gibt. Aber ich liebe die Berge!"
Nawang schaltete sich ein: „Vielleicht kann er in diesem Jahr noch einmal auf den Dhaulagiri gehen!? Es hängt von seiner Gesundheit ab. Und da gibt es auch noch einige Probleme mit dem **Büro...**", erklärte er geheimnisvoll.
Später, auf dem Rückweg nach Namche, offenbarte Nawang die wahren Hintergründe und zeichnete das Bild einer menschlichen Tragödie:
Ang Rita solle nach seiner Operation unbedingt von seiner Familie in Thame „gehalten" werden. Sein Hang zum Alkohol sei ungebrochen. Allerdings sei die Gefahr, wieder ganz abzusinken, in Kathmandu , wohin Ang Rita gerne möchte, weitaus größer. Aber nur dort könne er die wichtigen Kontakte herstellen.
Außerdem wolle der nepalesische Bergsteigerverband Ang Rita nicht mehr zu großen Expeditionen zulassen.
Dabei hatte Ang Rita durchaus Einfluss. So machte er bei der Regierung Vorstöße, um die hohen Gebühren für die Everest-Besteigungen zu reduzieren. Er hatte die rückläufigen Besucherzahlen als wirtschaftliche Gefahr für die Sherpas richtig gedeutet.
Lieber etwas weniger verdienen, als gar keine Leute mehr, die Expeditionen durchführen.
Für die Familie bedeute dies alles eine schwierige Gratwanderung, denn die wahre Situation hat Ang Rita so noch nicht erkannt. Ang Rita pflege noch die Illusion der Unsterblichkeit, dabei habe er in

Kathmandu tagelang im Koma gelegen und sei dem Tode gerade noch so davongekommen!

Ich erinnerte mich an die Beschreibung eines Auftritts von Ang Rita im Landeskonservatorium Feldkirch, in der er als linkisch, verlegen und hilflos dargestellt wurde. Dies war mit dem Eindruck, den wir gewinnen konnten, nicht in Deckung zu bringen.

Ang Rita wirkte bei unserem Besuch aufgeräumt, gesprächig und sehr humorvoll.

Er suchte den Augenkontakt und hielt ihm auch stand.

Seine vertraute Umgebung ließ uns – für ihn ja Fremde- alle Chancen, uns an seine Persönlichkeit heranzutasten.

Wir verabschiedeten uns herzlich und verließen Ang Rita mit allen guten Wünschen.

Nachdenklich wanderten wir durch die flechtenbehangenen Birkenwälder zurück nach Namche.

Die Landschaft hatte etwas Märchenhaftes, und ich begriff, dass dieser Sherpa ein unglückliches Leben fristete.

Rilkes Gedicht „Der Panther" kam mir plötzlich in den Sinn, und traurige Gedanken beschlichen mich.

Das authentische Dasein in der Landschaft seines Lebens war dem Sherpa genommen.

18 Jahre des Schuftens in eisigen Höhen haben Spuren in seiner Seele hinterlassen. Vom Küchenjungen zum Sirdar – zum „high altitude climber"- und nun wieder dort, wo alles seinen Anfang genommen hatte, in Thame.

Der Kreis hatte sich geschlossen...

Das Gebirge, das ja auch wir mit all unseren Bildbänden, Berichten und Beschreibungen als epischen Atem des Lebens empfinden, war ihm entrückt.

Die Mitte, der Ort des Gleichgewichts und der Harmonie war ihm abhanden gekommen.

In Nepal, und besonders im Solu Kumbu, ist Ang Rita ein berühmter Mann, der die Achtung vor den Bergen reklamiert:"Wenn man die Berge mit Ehre behandelt, geben sie einem alles zurück."

Ang Rita, bei uns im Westen nur eine Marginale in der Geschichts- und Geschichtenschreibung des Bergsteigens im Himalaya!?

Ang Rita, er blickte uns beim Abschied lange nach, und ich spürte, sein Herz sehnte sich nach dem Raum, der sein Leben bestimmte, nach dem weißen Reich des Schneeleoparden, zu dem wir morgen aufbrechen wollten.

Um 11.$^{oo}$ Uhr traten wir den Rückweg nach Namche an, nachdem wir noch Nawangs Mutter und seiner Schwester einen Besuch abgestattet hatten.

Kaffee und Kuchen im Café Daphne mussten heute leider für mich entfallen, da alle Räume und die Terrasse im oberen Stockwerk überfüllt waren. Allmählich setzte wohl der Trekkerboom ein. Also schrieb ich eine Menge Grußkarten in die Heimat. Eine Aufgabe, die auch einige Zeit erforderte.

Erleichtert wurde mir die Tätigkeit aber dadurch, dass Mary mir im Büro schon Adressenaufkleber vorbereitet hatte, und Michael hatte selbst gestaltete Grußkarten mit schönem, wildem Gebirgsmotiv aus dem Computer gezaubert. Das ersparte mir den Kauf der Ansichtskarten. Aber bei einigen schönen Panoramakarten aus dem Everestgebiet konnte ich in Namche Bazar trotzdem nicht widerstehen.

Das Dinner am Abend musste ich heute allein genießen. Jeni verweigerte das Essen. Sein Verdauungstrakt bereitet ihm große Probleme. Allein das Schüttelbrot und die Dose Vollkornbrot – Notproviant, den ich von zuhause mitgebracht hatte – konnten ihn zum Essen bewegen. Allenfalls noch das Lakritz-Naschwerk, das ich ihm aus meinem Vorrat spendierte.

Während ich mein Dinner aß, hatte ich genug Muße, die Gebetszeremonien von Nawangs Schwiegervater zu verfolgen.

Mit einer kleinen Gebetsmühle und Räucherstäbchen durchschritt er den großen Wohnraum, murmelte seine Gebetsformeln und nahm in keinster Weise an meiner Gegenwart Anstoß. Er machte den Eindruck eines sehr frommen Gläubigen. Die Würde, die er ausstrahlte, gab ihm in diesem Augenblick etwas Unnahbares.

Aber auch Nawang erinnerte uns auf unseren gemeinsamen Wegen manchmal daran, links um Manimauern oder Stupas zu gehen. Doch wir waren ja lernfähig und respektierten seine freundlichen Ermahnungen.

Auf dem Wege nach Thame begegnete uns ein Lama mit einigen Mönchen. Bei dieser Gelegenheit konnte man deutlich die Ehrerbietung beobachten, mit der Nawang dem heiligen Mann seinen Gruß erbot. Nach einer tiefen Verneigung ergriff er mit beiden Händen die Rechte des Lamas vom Kloster Thame und küsste sie.

Glaube und Religion tragen hier noch die Gesellschaft und regieren das Leben des Einzelnen auf eine, wie es scheint, heitere, gelöste Art ohne erkennbare Zwänge.

Die Akklimatisationsphase in Namche mussten wir mit Rücksicht auf Jenis gesundheitliche Probleme um einen Tag verlängern.

Nawang disponierte die Yaks, die nun das Expeditionsmaterial tragen sollten, auf den übernächsten Tag um.

Ich wollte den kommenden Tag nicht ungenutzt lassen und beschloss, mit Nawang eine Wanderung zum „Everest-View-Hotel" zu machen, und Nawang wollte mir unbedingt das Museum der Sherpa-Kultur zeigen.

Darauf freute ich mich. Auch darauf, dass wir nun noch einen weiteren Tag „Mitglieder" im Familienverband unserer Gastfamilie sein durften. Die Struktur der Familie war mir durch Nawangs Erzählungen schon recht gut bekannt.

Auf diese Weise gelangten wir zu Innenansichten, die uns bei einer organisierten Club-Reise verschlossen geblieben wären.

# Akklimatisation

Der nächste Morgen folgte wieder dem gleichen Muster des Vortages mit Lakpas Weckritual:

„Good morning Sir, tea! This is the tea, this is milk, this is hot water", zählte er dienstbeflissen auf.

Wieder musste ich allein frühstücken. Jeni ging es immer noch sehr schlecht, und ich begann mir Sorgen um ihn und um unsere Expedition zu machen.

Immerhin hatte er Appetit auf ein gekochtes Frühstücksei mit Vollkornbrot.Ich brachte ihm das Gewünschte, und er frühstückte mit Genuss. Es war wichtig, dass er seinem Körper Energieträger zuführte, sonst wäre der weitere Verlauf des Marsches hinauf zum Kloster Tengboche und nach Pheriche wohl kaum für Jeni machbar.
Jeni wusste das auch, und er tat alles, um wieder zu alter Form zurückzufinden.
Auch meine Lakritzvorräte schienen eine positive Wirkung auf sein Befinden zu haben.
Aber ein teuflischer Virus könnte die Trainingsvorbereitung eines halben Jahres zunichte machen. Eine fatale Situation.
Um 8.$^{oo}$ Uhr brachen Nawang und ich zu unserer Halbtagestour auf. Jeni wollte und konnte sich das nicht zumuten.
Zunächst stiegen wir hinter dem Haus etwa 200 Höhenmeter aus dem Talkessel hinauf und wanderten dann zum Flugfeld von Swayanboche.
Nawang erzählte mir, dass hier keine einmotorigen Pilatus-Porter-Maschinen mehr fliegen. Vor einigen Jahren sei die letzte beim Anflug abgestürzt, weil die ungenügend gesicherte Ladung verrutscht war. Der Pilot aus Thame sei bei dem Unglück ums Leben gekommen.
Vor einem der „Flugplatzgebäude", einer ärmlichen Hütte, rasteten wir kurz, tranken „hot lemon" und Nawang erläuterte, dass der Flugplatz jetzt nur noch von Hubschraubern angeflogen werde.

Auf einem wunderschönen, fast ebenen Höhenweg wanderten wir dann weiter zum „Everest-View-Hotel", das als Flachbau, gut durch schöne Nadelbäume gedeckt, erst ganz spät zu erkennen ist.

Das Hotel wird von Japanern betrieben, und eine Übernachtung kostet ihren Preis: Etwa 300 Dollar sind einzuplanen. Allerdings incl. Sauerstoffmaske auf dem Nachttisch – ein besonderer Service des Hotelmanagements und Zugeständnis an die große Höhe.

Wir saßen auf der sonnigen Terrasse des Hotels, erfrischten uns wieder mit der schon obligatorischen „hot lemon" und genossen das einzigartige Panorama, das sich vor uns entfaltete: Nuptse, Lhotse, Everest, Ama Dablam, Thamserku!

Ich hatte noch nie solch eindrucksvolle Berggestalten gesehen. Die Gipfel der Ama Dablam und des Thamserku waren in gleißendes Sonnenlicht getaucht, das an den Graten herunterzufließen schien.
Eine alleinreisende Trekkerin aus München suchte ein Gespräch, leider war sie mir nicht sonderlich sympathisch. Sie wollte auf den Island Peak oder den Mera Peak, traute aber der Situation nicht ganz, mit Fremden zu gehen. Diese Bedenken konnte ich allerdings gut nachvollziehen.
In der warmen Vormittagssonne wanderten wir zurück. Oberhalb von Namche hat die Nationalparkverwaltung ein schönes Museum eingerichtet. Naturraum und Kultur der Sherparegion werden dem Besucher in hübsch gestalteten Exponaten nahe gebracht.
Unterhalb dieser Anlage befindet sich eine weitere private Museumseinrichtung in einer Herberge.
Dort kann man eine Chronik des Expeditionswesens an den Achttausendern verfolgen.
Das Ganze wird aber aus der Sicht der Sherpas, die an den verschiedenen Expeditionen teilgenommen haben, dargestellt.
In langen Bildergalerien blicken die Gesichter der Sherpas auf den Betrachter herab – meist bei uns unbekannte Männer, hier sind es aber „Helden am Berg". Auch Ang Rita hat hier einen Ehrenplatz gefunden.

Mir drängte sich der Eindruck auf, dass die „heroische Phase" der Bergsteigerei hier noch nicht zum Abschluss gebracht wurde.
Aber Nawang war es wichtig, mir diese Bilder zu zeigen. Ich konnte ihn auch verstehen, er identifizierte sich mit seinen Landsleuten, die in seinen Augen großartige Botschafter seines Landes waren.

Daneben ist ein wunderschönes Sherpahaus mit Originaleinrichtung, gewissermaßen als Museumshaus, hergerichtet worden.
Nawang erklärte mir mit viel Eifer die Handhabung der verschiedenartigen Gerätschaften. Er liebt seine Heimat und seine Kultur, und er verstand es gut, mir viel davon nahezubringen.
Besonders schön waren unsere Unterhaltungen heute früh über die Bestattungszeremonien der Sherpas und über das Thema Meditation.

Über den steilen, ostseitigen Teil des Talkessels stiegen wir zu den ersten Häusern von Namche hinunter.

Ganze Scharen von Trekkern kamen uns langsamen Schrittes entgegen. Alle rangen nach Luft, transpirierten zum Teil stark oder waren ganz bleich vor Anstrengung.
Wie viele Leute sich doch unangemessen akklimatisiert auf dem Everesttrek bewegten ! Ich hätte nie geglaubt, dass sich auch so viele ältere Leute auf den Trek wagen.
Vor allem Amerikaner fielen mir auf. Die gesundheitlichen Risiken werden offenbar bewusst in Kauf genommen.

Jeni setzte ja auch auf die Einnahme von Diamox. Er hatte in Südamerika gute Erfahrungen mit dem Mittel gemacht. Jedenfalls hatte er nie irgendwelche Anzeichen einer Höhenunpässlichkeit. Ich musste mich da schon häufiger mit meinen Kopfschmerzen auseinandersetzen.
Die Wanderung heute in größere Höhe als die vorgesehene Schlafhöhe würde mir aber gut tun. Ich hatte den ganzen Vormittag ein gutes Körpergefühl und spürte die Anstrengung nicht, mit der sich andere Trekker plagten.

Namche ist ein idealer Ort, um die Höhenanpassung während des Everesttreks voranzutreiben.
Man hat schon eine beträchtliche Höhe von über 3500m erreicht und kann von Namche aus schöne Akklimatisationswanderungen unternehmen, die einen in höher gelegene Regionen bringen, was den Anpassungsreiz setzt.
Die Schlafhöhe kann dann wieder niedriger in Namche gewählt werden. Man kann durch die Einkaufsgässchen bummeln, um schöne Andenken feilschen oder vergessene Ausrüstungsdetails ergänzen.

Die Sherpafrauen, die vor ihren Auslagen sitzen, sind gerissene Händlerinnen, die einem aber nie das Gefühl geben, einen „über's Ohr hauen" zu wollen. Im Gegenteil, der Umgang mit den Fremden macht ihnen Freude, und ich konnte mich immer mit ihnen auf einen beide Seiten zufriedenstellenden Preis einigen.
Ich war bald bei ihnen bekannt, da ich zu gerne bei den Ständen mit ihren schönen Dingen aus Yakknochen, Silberarbeiten, Gebetsfahnen Halt machte und stöberte.
Es ist die ideale Form der Anpassungsstrategie. Nur leider kann man sie im weiteren Verlauf des Treks nicht mehr so unproblematisch an-

wenden, da man nach Namche kontinuierlich an Höhe gewinnt, Abstiege sind dann nur noch im Notfalle möglich.

Um 12.$^{00}$ Uhr waren wir wieder „daheim" bei unserer Familie.

Nachmittags schlenderte ich wieder an den Auslagen der Händler vorbei und entdeckte eine schöne Zipfelmütze aus Yakwolle.

Sie kostete mich den Spottpreis von nur 100 Rupien, das waren umgerechnet 3,-- DM !!

Danach schrieb ich noch einige Grußkarten in die Heimat. Damals war ich mir allerdings nicht sicher, ob sie jemals ankommen würden. Nawang wollte sie mit einem Läufer nach Lukla bringen lassen. Die Poststelle in Namche war – wie alle offiziellen Stellen in Nepal – angeblich wegen eines einwöchigen „Feiertages" geschlossen!

Später erfuhren wir aber von Nawangs Familie, dass **wohl** Post aus Namche befördert würde.

Wir ließen deshalb alle Grußkarten hier. Nawangs Schwiegereltern wollten sie am nächsten Tag zur Beförderung aufgeben.

Hoffentlich war die Mühe des Schreibens nicht vergebens - wie seinerzeit in Marokko, als sich die Leute vom Postschalter am Flughafen von Agadir sehr hilfsbereit zeigten.

Wir hatten ihnen etliche Dirhams gegeben, und sie hatten uns fest versprochen, unsere Karten zu frankieren und weiter zu befördern.

Bei dem Versprechen und dem umsonst ausgegebenen Geld war es dann aber auch geblieben...


Jeni konnte heute Abend wieder etwas essen. Vielleicht geht es nun doch mit ihm aufwärts, hoffte ich, als ich in der Dunkelheit zum Buchladen im Ortsinnern abstieg.

Dort gab es die Möglichkeit, E-Mails zu verschicken.

Die beiden jungen Leute, die den Laden betrieben, waren sehr geschäftstüchtig.

Ich zahlte 120 Rupies für das Verschicken meiner Mails. Angeblich 2 KB, was ich aber nicht so ganz glauben konnte. Einerlei, vier Mark waren für die Möglichkeit, mit Mary in Verbindung zu treten, nicht viel !

Als ich zurückkam, war Jeni schon mit Logistik beschäftigt: Wie packe ich meine Seesäcke am besten !?

Es sollte bis zum Ende der Expedition ein Problem für ihn bleiben !

Also half ich meinem Kameraden, der von den Diarrhöe-Attacken immer noch geschwächt war.

Ich war froh, ihm eine kleine Last abnehmen zu können, denn Jeni tat mir in seiner Verfassung leid.

Bei der Wanderung heute fielen mir zwei schöne Pflanzen auf ,die ich später im Nationalpark-Museum an einer Schautafel bestimmen konnte.

Eine Pflanze mit einer kleinen, blauen, etwa daumennagelgroßen Blüte nannte Nawang „Butterlampenblüte" nach ihrer Form und der Ausbildung des Blütenstempels. Ihr lateinischer Bestimmungsname war „gentiana prolata".

Die zweite Pflanze tauchte die Hänge auf dem Weg zum Everest-View-Hotel in ein leuchtendes Farbenspiel von braun-rot zu hell-orange – wunderschöne Herbstfarben, die an die Farbe der Lama-gewänder erinnerten.

Bei dieser Pflanze handelte es sich um „euphorbia himalayensis".

# Tengboche

Mittwoch, 4. Oktober

Mit allen guten Wünschen unserer lieben Gastfamilie verließen wir gegen 8.$^{00}$ Uhr das schöne Quartier in Namche. So komfortabel würden wir es im weiteren Verlaufe des Marsches ins Basislager nicht mehr haben !

Es ist erstaunlich, wie schnell sich der Mensch doch in Lebensum-stände findet, die er vorher nur in Ausnahmen für sich zugelassen hätte!

Das harte, schmale Bettgestell, kein mollig warm geheiztes Bade-
zimmer, sanitäre Anlagen wie man sie bei uns längst nicht mehr
kennt... All das war hier kein Problem. Im Gegenteil, ich empfand es
fast als Luxus, dass ich die Zeit hier verbringen durfte.
Nach zweieinhalb Tagen hatte ich das Gefühl, schon monatelang hier
in Namche zu leben.
Der Ort mit seinen Häusern und Straßen, den Gerüchen und Geräuschen war mir ganz vertraut geworden, und der Abschied erfüllte
mich mit einer leisen Spur von Wehmut, als wir durch die morgend-
lichen Straßen gingen, um die jenseitige Einfassung des Talkessels
zu erreichen.
Dort befand sich der Checkpoint der Nationalparkverwaltung, wo
wir vor dem Weitermarsch noch einige Formalitäten zu erledigen
hatten.
Es war eine ausgesprochen schöne Stimmung. Das frühe Morgenlicht flutete in die Gassen und umgab die Menschen, die uns entgegenkamen, mit einem goldenen Strahlenkranz. In der kühlen Luft lag
der Geruch des Rauches der Holzfeuer, der aus den Kaminen stieg
und lange über den Häusern schwebte, ehe er sich auflöste.

Nawang hatte die heutige Etappe des Treks als besonders anstren-
gend beschrieben. Zunächst mussten wir an der Nordostseite  des
Talkessels von Namche aufsteigen, unser Sirdar erledigte die Formalitäten am Check-Point, und bald hatten wir den Höhenweg erreicht,
der sich ganz allmählich zur Silberader des Imja Khola tief unten in
der schwarzen Schlucht absenkte, und dessen wildes Rauschen
immer lauter wurde, je näher wir ihm kamen.
Inzwischen war es so angenehm warm geworden, dass ich die Shorts
aus dem Rucksack kramte und anzog.
Es war herrlich, in leichter Kleidung  zu marschieren und die großartige Landschaft zu genießen.
Ama Dablam,  Tamserku und natürlich der Paradeblick zum Everest
zogen die Blicke immer wieder magisch an, bis wir in das Grün der
Rhododenderen- und Kiefernwälder eintauchten.
Über eine altersschwache Hängebrücke balancierten wir über den
weißschäumenden Imja Khola.

Ein kalter Luftzug trug feine Wassernebel durch das enge Kerbtal
und ließ die zahllosen Gebetsfahnen, die ins Geländerseil geknüpft

waren, waagerecht flattern – gewissermaßen ein Gruß aus der Heimat des ewigen Eises am Fuß des Everest, woher die Wasser kamen.
Bald darauf erreichten wir eine kleine Ansammlung von Lodges, wo Pasang mit seinen Helfern schon damit beschäftigt war, unser Lunch vorzubereiten.
Wir machten in der strahlenden Sonne Picknick, lagen dann auf dem warmen Erdboden, dösten und hörten Musik vom Mini – Disc – Player.
Wenige Meter von uns entfernt drehten sich große Gebetsmühlen, durch die Wasserkraft eines kleinen Baches angetrieben, und am Wegrand hockten zwei Männer, die mit ihren schwarzen Augen alle unsere Bewegungen neugierig und abweisend zugleich ausspähten.
Sie wirkten in ihrer Haltung wie Raubvögel.
Nawang erklärte uns, dies seien Soldaten aus einem Militärstützpunkt in der Nähe. Ich konnte aber keine militärischen Anlagen entdecken.
Die Erklärung half mir auch nicht über die unangenehme Empfindung hinweg, die ich angesichts der beiden merkwürdigen Gesellen hatte.
Nach der einstündigen Rast nahmen wir den steilen Aufstieg zum Kloster Tengboche in Angriff.
Nun zogen – wie jeden Tag um diese Uhrzeit – Wolken auf, und es wurde merklich kühler.
Und an den lichten Stellen des aufwärts führenden Pfades wehte ein kalter Wind von der Seite, der uns zwang, die Faserpelzjacken wieder aus den Rucksäcken zu kramen.
Gegen $14^{.00}$ Uhr traten wir aus dem Wald auf eine große Lichtung, durchschritten ein mit schönen Malereien geschmücktes Tor und befanden uns im Bereich des Klosters.
Tengboche ist das größte und bedeutendste Kloster im Khumbu.
Aber wenn ich ein Bild der Ruhe, des Friedens, der Einsamkeit erwartet hatte – irgendwie hatte sich diese Vorstellung in Verbindung mit einem buddhistischen Kloster in meiner Vorstellung festgesetzt – wurde ich gründlich enttäuscht.
Das gesamte Klosterareal glich einem großen Jahrmarkt. Bunte Expeditionszelte waren dicht an dicht aufgeschlagen, Trekker standen in Gruppen beisammen, unterhielten sich lautstark, Sherpas liefen emsig umher, ankommende Yakkarawanen wurden mit viel Geschrei und Hin- und Hergezerre von ihren Lasten befreit...
All das ergab ein Bild, wie ich es nicht erwartet hatte.

Während unsere Sherpas unsere „neue" Behausung für die Nacht aufstellten – ein mehrfach geflicktes, gelbes Kuppelzelt – dachte ich mit Trauer an die schönen neuen Zelte, deren eines nun zerstört in Namche lag.

Immerhin war das Ersatzzelt groß genug für Jeni und mich und unsere vier Seesäcke.

Die Zeit bis zum Dinner wollten wir nutzen und eine Führung durch das Kloster mitmachen. Nach langem Warten vor dem Eingang zum Klosterhauptgebäude trat endlich ein Führer vor die interessierten Trekker und hielt in schlechtem Englisch – der Mann kam aus Bayern - einen endlosen Monolog über Themen, die wohl nur die Nächst-stehenden akustisch verstehen konnten. Nach einer Weile des verge-blichen Zuhörens gab ich es auf. Die Situation nervte mich.

Am frühen Abend war „Showtime"! Der Kang Tega inszenierte sich in märchenhaft schönen Szenen selbst.

Seine Phantasie schien unerschöpflich. Immer schönere Bilder ergaben sich aus dem Zusammenspiel des letzten Tageslichts auf seinen Gipfelgraten mit dem Spiel der rasch ziehenden Wolken.

Ich verschoss einen ganzen Film und bekam einzigartige Dias aus dem Labor zurück.

Ein herrliches Geschenk des Kang Tega!

Und am Horizont markierte der Mount Everest im Abendlicht die Marschrichtung für den nächsten Tag.

Das Abendessen nahmen wir in einer kleinen Lodge neben den Klostergebäuden ein. Nawang kannte die Betreiberfamilie offenbar gut. Eine nackte Glühbirne, die von der Decke hing, erleuchtete den Raum nur spärlich, aber dafür gab ein Blechtonnenofen, der mitten im Raum stand, eine angenehme Wärme ab.

Unsere Platznachbarn im Zeltlager auf der Wiese vor dem Kloster war eine Gruppe Amerikaner im blauen Daunenjacken – Einheitsoutfit. Viel „Hi" hier und da und gekünstelte Fröhlichkeit.

Während ich im Schein meiner Taschenlampe Tagebuchnotizen machte, saßen sie in ihrem großen Mannschaftszelt und schienen Party zu feiern: Lautes Gelächter, offenbar wurden reihum Witze zum Besten gegeben.

Schließlich kroch ich aus dem Zelt, schraubte meine Minolta auf das Stativ und machte einige Nachtaufnahmen:

Die bunten, von innen illuminierten Zeltkuppeln, das Kloster, das sich nun mit seiner Beleuchtung scharf gegen den schwarzen Himmel abzeichnete.

An Schlaf war zunächst jedenfalls nicht zu denken, zumal auch der Klosterhund zu einem Dauergebell mit nur kurzen Erholungspausen ansetzte. Er schien den Mond anzubellen.
So wurde aus der erwarteten Nachruhe eine Nachtunruhe!
Ich lag in meinem Schlafsack und versuchte die Eindrücke des Tages zu ordnen. Jeni hatte sich trotz seiner geschwächten Konstitution prima gehalten, und selbst der Aufstieg aus dem Tal des Imja Khola schien ihm nicht schwer gefallen zu sein.
Das war ein gutes Zeichen für morgen, wenn wir in Höhen über 4.000 m aufsteigen würden.
Vor dem Dinner gab es im ausgehenden Licht des Tages noch ganz einzigartige Fotomotive für mich.
Wolken- und Lichtspiele um die hohen Eisgipfel ringsum. Der Everest schaute aus einem blau-schwarzen Wolkengewabber kurz gestochen scharf aus einem blauen Himmelsfenster heraus. Einfach traumhaft schön.
Und an noch etwas erinnerte ich mich gerne – die uralten Baumgestalten der Rhododendren, Wacholder und Birken mit ihren malerischen Bartflechtenbehängen auf dem Wege zum Imja Khola hinunter.

373,5 Höhenmeter hatten wir heute erstiegen. Das war nicht allzuviel, und ich hatte daher die Hoffnung, heute nacht von Kopfschmerzen verschont zu bleiben.
Vor der Lodge hatten wir am Nachmittag ein Trekkerpaar getroffen und hatten uns ein wenig unterhalten.
Die Beiden waren ausgelassen und feierten ihren persönlichen Erfolg: Die Besteigung des Kala Pattar, auf den wir auch wollten – wenn auch nur zu Trainingszwecken und zur Höhenanpassung.
Er war Deutscher, arbeitete aber seit sieben Jahren als Tauchlehrer in Thailand. Sie war aus Zürich und Lehrerin.
Sie erzählte mir, dass man gestern in Lobuche dreimal eine Hubschrauberrettung wegen akuter Höhenkrankheit benötigt habe. Ein Sherpa einer Makaluexpedition sei am Amphu Laptsa – Pass der Höhenkrankheit erlegen.

Unsere Anpassungstage in Namche waren aber sinnvoll, denn ich fühlte mich sehr wohl und hatte keinerlei Probleme mit der Höhe. Daher verwarf ich auch für mich die Einnahme von Diamox. Wer weiß, vielleicht verfälschte das Präparat auch Signale des Körpers...
Mit derlei Gedanken fiel ich irgendwann doch in einen flachen Dämmerschlaf.
Um 5.$^{oo}$ Uhr war auch der zu Ende, als Jeni sich aus seinem Schlafsack schälte, um eines der neu installierten Plumpsklos aufzusuchen.

Ein Schwall kalter Luft strömte ins Zeltinnere, als er den Eingang öffnete und vertrieb den letzten Funken Schlaf. Im nächsten Zelt konnte man auch schon wieder die quakenden Laute und das Rumoren der Amerikaner vernehmen.
Um dieser Geräuschkulisse zu entgehen, hörte ich bis um 6.$^{oo}$ Uhr Musik.
Dann begann der Tag mit dem gewohnten Rhythmus : Early –morning – tea! Lakpas Weckritual war wieder pünktlich.

# Pheriche

Donnerstag, 5. Oktober

Wir frühstückten wieder in dem schäbigen Gastraum der Lodge. Die Gemütlichkeit des Vorabends mit der Wärme, die der Ofen gespendet hatte, war dahin. Es war kalt und ungemütlich.

Unausgeschlafene Gesichter blickten uns an, oberflächliche Konversationen an den Nachbartischen.
Nawang drängte zaghaft zur Eile. Die Yaks sollten beladen werden, und dazu mussten wir erst einmal die Seesäcke packen und verschnüren.
Eine undankbare Aufgabe am frühen Morgen, zumal ich auch noch Jenis Gepäck verstauen helfen musste. Der Ärmste konnte sich mit dieser Aufgabe einfach nicht anfreunden.
Er schaffte es doch immer wieder, irgend ein Teil seiner Ausrüstung nicht mehr unterzubringen.
Dabei entwarf er für sich immer neue Packstrategien.

Es war 7.$^{3o}$ Uhr, als wir losmarschierten.. Der Weg fiel zunächst zu einem Bachlauf ab. Schöne alte Birken leuchteten rötlich-weiß im schräg einfallenden Morgenlicht, und die Pfiffe und Zurufe der Yaktreiber hallten durch das Tal.
Über eine Hängebrücke ging es nun ansteigend durch lichte Rhododendronwälder. Eine wunderschöne Morgenstimmung hatte uns dieser neue Tag  mit seinem klaren, blauen Himmel  zu bieten.

Der Steig führte an bunten Felsmalereien vorbei, lachende Kinder winkten uns in den kleinen Weilern zu und riefen ihr fröhliches „Namaste !".
Nur leider ging es Jeni nun stündlich schlechter. Er hatte die Infektion noch längst nicht überwunden!
Seine Schritte wurden kürzer, und er setzte immer langsamer einen Fuß vor den anderen.
Nawang warf mir bedeutungsschwere Blicke zu. Was sollten wir nur tun? Wir kamen so bis nach Pokhalde.
In einer Lodge am Wegesrand kehrten wir ein. Der große Gastraum war wie gewohnt eingerichtet: Unter den beiden gegenüberliegenden Fensterfronten verlief je eine Bankreihe, davor standen Tische. Den freien Platz in der Mitte des Raumes beherrschte der Tonnenofen.

Mit überlauten, schnell schnatternden Worten begrüßte uns die Sherpani. Auch sie schien Nawang zu kennen - wo auf dem Everest-Trek war er eigentlich nicht bekannt ?!?
Jeni streckte sich wortlos auf der Bank aus. Er hatte die Umwelt aus seinem Gesichtskreis ausgeschlossen.

Mit geschlossenen Augen versuchte er den krampfartigen Schmerz-
wellen in seinen Eingeweiden Widerstand zu leisten.
Wie sollte ich mich nur verhalten?? Ging ich bedauernd auf Jeni ein,
so fürchtete ich, würde er sich der Infektion ergeben. Bedauerte ich
ihn nicht, so fasste er es möglicherweise als Ignoranz auf.
Ratlos saßen wir eine Stunde in der Lodge und wanderten dann langsam weiter unserem Tagesziel Pheriche entgegen.
„Es gibt dort ein kleines Krankenhaus", machte Nawang Mut, „wir
werden Medikamente bekommen."
Vor der Lodge saß ein Trekkerpaar beim Tee in der Sonne und
machte Rast. Als Jeni langsamen Schrittes und grün im Gesicht an
ihnen vorbeischlurfte, blickten sie ganz erstaunt auf und verfolgten
mit fragendem Gesichtsausdruck die erbarmenswürdige Gestalt, die
sich da voranquälte. Sie hielten Jeni bestimmt für höhenkrank.
Nawang trug Jenis Rucksack, aber in diesem Augenblick zweifelte
ich daran, ob wir Pheriche jemals erreichten. Im Geiste überschlug
ich die Möglichkeiten, die uns dann noch blieben...
Es waren düstere Gedanken.
Die Stunden vergingen. Der lichte Wald ging unmerklich in Busch-
werk über, das sich schließlich auch verlor.
Irgendwann hatten wir die 4000 m - Grenze überschritten und bewegten uns in einer Landschaft aus Steinen, die sich allmählich zu einem langgestreckten, öden Hochtal öffnete, durch das, weiß-türkis-
farben, der Dudh-Koshi rauschte. Am linken Flussufer lag Pheriche.

Links und rechts des unbefestigten Weges reihten sich die Steinhäuser auf. Lodges und niedrige Sherpahütten, die Mauerritzen notdürftig mit Lehm verschmiert, als Schutz vor dem permanent durch
das Hochtal fegenden Wind.
Hinter den Häusern hatte man die kleinen Wiesen und Äcker mit lo-
se aufgeschichteten weißen Steinmauern eingefasst.
Das Ganze sah aus der Distanz wie ein hübsches, filigranes Stein-
geäder aus.
Eine baumlose, grüne Oase in einer grau-braunen Steinwüste.

Langsam stiegen wir einige Meter zum Fluss ab. Über eine impro-
visierte, geländerlose Bohlenbrücke gelangten wir zum anderen
Ufer. Nach wenigen hundert Metern erreichten wir eines der grünen
Steingevierte hinter einer Sherpahütte. Dort bauten wir unser Schlaf-
und ein Esszelt auf.

Wir alle atmeten auf – Jeni hatte durchgehalten!
Große Schrifttafeln wiesen auf den letzten medizinischen Rettungs-
posten der Himalayan Rescue Association auf dem Wege ins Everest – Basislager hin. Der Posten wurde von einigen idealistischen
jungen Medizinern aus dem Westen betrieben, die die Gelegenheit
hatten, hier spezielle Studien zur Höhenmedizin zu betreiben.
Ein junger Amerikaner nahm sich Jenis Problemen an. Wie zu einem vertraulichen Gespräch setzte er sich neben seinen Patienten und
begann seine Fragen zu stellen.
Recht bald hatte er das Problem eingekreist und stellte seine Dia-
gnose:
Jeni hatte sich eine bakterielle Infektion eingefangen, die mit einem
starken Antibiotikum angegangen werden musste. Wir hatten ja die
verschiedensten Medikamente in unserer Reiseapotheke – wohl
wissend, dass die Magen- Darminfektionen in Nepal zu den üblichen
Beschwernissen einer Expedition gehören – aber gerade dieses spezielle Antibiotikum hatten wir nicht dabei.
40 Dollar zahlte Jeni für die „Sprechstunde" und die Tabletten – und
es war gut angelegtes Geld, denn nunmehr wurde er endlich von
seinem Übel kuriert.

## Jeni:

*16.$^{30}$ Uhr nepalesischer Zeit. Ich liege schon wieder, wie auch sonst,
im Zelt. Mein Magen grummelt, es ist im wahrsten Sinn des Wortes
Scheißdreck.*
*Der Weg vom Kloster Tengboche bis nach Pheriche war die reinste
Hölle. Ich habe zwar heute nacht gut geschlafen, aber es fing wieder
mit diesem verdammten Durchfall an, und ich konnte kaum zehn
Schritte gehen – dachte ich – aber irgendwie habe ich auch diese
vielen Stunden Quälerei geschafft.*
*Ich weiß nicht wie, aber irgendwie ist es gegangen. Jetzt bin ich
mauseplatt in Pheriche.*
*Nachdem seit drei oder vier Tagen der Durchfall nicht besser wurde,
sind wir in das hiesige Hospital gegangen. Hospital ist natürlich ein*

*großes Wort: ein kleiner Bretterverschlag, zwei junge amerikanische Ärzte.*

*Sie haben das gesagt, was ich schon aus dem Internet und meinen sonstigen Lektüren wusste: wohl eine bakterielle Diarrhoe, sie dauert sechs Tage.*

*Ich habe Medikamente bekommen. damit soll es angeblich in sechs Tagen weg sein. Wenn nicht – dafür habe ich noch so einen „Riesenbomber" gekriegt. Dann wäre es nämlich das, was nur in zehn Prozent der Fälle eintritt: irgend ein anderer Scheißerreger, aber na ja. Wenn man schon Glück hat, dann hat man's richtig:*
*erst die Sache mit dem Klauen des Geldes, dann jetzt Tag für Tag die Quälerei.*

*Es ist kaum zu beschreiben. Die Wege sind für einen geübten Wanderer, und damit sicher auch für mich, normalerweise locker zu machen, es ist also nicht die mindeste Anstrengung, aber für mich ist es momentan so, als ob ich den Everest besteige.*

*Die Höhe macht erstaunlicherweise nichts aus, aber der Kampf mit meinem Magen überschattet alles, selbst die schönsten Blicke auf Ama Dablam, Everest und was auch immer man hier sieht.*

*Horst fotografiert wie ein Teufel – ich kann mir die Gegend ja vielleicht zu Hause mal in Ruhe und schmerzfrei anschauen.*

*Ich bin nicht einmal aus dem Zelt gekrochen, als die Wolken aufgerissen sind und „unser" Berg, der Lobuje Peak, erstmals zu sehen war. Der ist für mich so weit weg!*

*Ich bin froh, wenn ich morgen den Weg nach Lobuche schaffe.Ich kann mir das im Moment noch nicht einmal vorstellen, aber vielleicht wirken ja die Tabletten, von denen ich jetzt eine genommen habe und dann heute abend noch eine – das Ganze dann drei Tage lang.*

*Neben mir steht ein Liter Wasser oder Tee, ist ja auch egal, mir schmeckt sowieso nichts, denn der junge Doc meinte, drei Liter am Tag müsste ich, egal wie - auch wenn ich breche – in mich hineinkippen.*

*Das wäre unbedingte Pflicht. Und so versuche ich das mal, obwohl mir jeder Schluck eine Qual ist.*

*Den Urlaub hatte ich mir anders vorgestellt, aber so ist das Leben, und damit muß man halt rechnen.*

*Vielleicht klappt es doch noch irgendwann in diesem Urlaub, dass ich einen Tag erwische, an dem ich fröhlich bin und die Natur genießen kann. Wäre ja eigentlich denkbar...*

Als die Sonne am Nachmittag verschwand, und die Wolken grau-
schwarz in das Hochtal drückten, wurde Pheriche zu einem trostlo-
sen Flecken.
Sehr schnell kühlte es nun auch ab, so dass ich mir gar nicht mehr
vorstellen konnte, noch vor einer guten Stunde in Shorts und T-Shirt
hier angekommen zu sein!

Drei Sherpakinder mit ungewaschenen Gesichtern und blauroten
Wangen - alle in dreckstarrender Kleidung – ließen kleine Drachen
steigen. Ihre Flugobjekte hatten sie sich mit einfachsten Mitteln her-
gestellt: etwas Plastikfolie und kleinen Stöckchen.
Die Freude über die abrupten Flugbewegungen ihrer Drachen war so
groß, dass sie jedes Mal laut auflachten. Ein kleines Kinderglück –
einfach geschaffen, wie es bei unseren Wohlstandskindern so sicher
nicht mehr herbei zu zaubern ist.
Die Raben beim Lunch heute Mittag waren dreist!
Kaum wendete man der Plane, auf der die Tschapatis usw. aufgetragen worden waren, den Rücken, kamen sie herbei und wollten etwas
stehlen. Sie ließen sich nicht weit vertreiben, behielten die Nerven
und verfolgten aufmerksam unser Tun.
Nawang erzählte, dass die Vögel in ihrer Dreistigkeit so weit gingen,
dass sie sich auf den Traglasten der Yaks niederließen und dieses
während des Marsches nach für sie Brauchbarem untersuchten und
vor Diebereien nicht zurückschreckten. Aber dennoch empfand ich
die schwarz gefiederten Goraks in ihrem kecken Gebaren als lie-
benswert.
Kurz vor Einbruch der Dunkelheit riss der Wolkenschleier für kurze
Zeit auf und gab den Blick auf den Lobuje Peak frei!
Wuchtig dominierte er den Talschluss, und erst jetzt wurde er mir
richtig bewusst. Die Stunden vorher waren so mit organisatorischen
Dingen und dem Besuch im „Hospital" gefüllt, dass Gedanken an
das Expeditionsziel gar nicht aufkamen.
Wir sahen dem letzten Tageslicht zu, wie es bis zu den Gipfeln des
Thamserku und des Pokhalde hinaufzog, um dort zu verglühen.
Um 18.$^{oo}$ Uhr war es wieder finster. Im spärlichen Licht einer Kerze
saßen wir allein im Esszelt und hielten uns frierend an unser Dinner.
Beizeiten lagen wir dann in den Schlafsäcken. Wieder konnte eine
lange Nacht beginnen.
Aus der Mini-Disc-Sammlung wählte ich mir leichte Unterhaltung
aus : Die „Top Hits 99/2000", die mir Michael aus dem Internet zu-

sammengestellt hatte. Madonna und Britney Spears sangen mich in den Schlaf, der nach zwei oder drei Stunden unterbrochen sein würde.

Der Zwang, möglichst viel Flüssigkeit aufzunehmen, um der Höhenkrankheit weniger Chancen zu geben, zog natürlich andere Zwänge nach sich. So musste man sich in der Nacht aus dem warmen Schlafsack mühen, Schuhe anziehen, Faserpelzjacke nicht vergessen, nach der Taschenlampe kramen und in die Kälte hinauskriechen, um das Toilettenhäuschen aufzusuchen, das am anderen Ende unseres Zeltquartiers stand.

Danach war man durch die kalte Luft so weit geweckt, dass man wieder das Einschlafritual vornehmen musste: Musik aus dem kleinen Sony-Zauberkästchen...

Freitag, 6. Oktober

Gestern griff das Pech auch nach mir! Während ich beim Lunch gerade ein Tschappati aß, löste sich die provisorische Krone meines Eckzahns – ich hatte es ja schon seit Tagen befürchtet – allen Beschwichtigungsformeln meines Zahnarztes vor der Abreise zum Trotz.

Daher betätigte ich mich heute Vormittag zunächst als Dentist. Mit der Spitze des Taschenmessers kratzte ich vorsichtig den nun überflüssigen Fixierzement aus den kleinen Höhlungen des Provisoriums. Zum Glück hatte Jeni eine Tube Dentagard – Fixierer dabei, mit dessen Hilfe ich die Krone nun passend an ihrem Platz einkleben konnte. Ein beruhigendes Gefühl zu wissen, dass die Nachbarzähne nun keine „Wanderbewegungen" beginnen konnten.

Allerdings musste ich diese Prozedur alle zwei Tage wiederholen und erwarb mir darin eine gewisse Routine.

Wir hatten uns entschlossen, noch einen weiteren Rasttag in Pheriche einzulegen, um unsere Höhenanpassung voranzubringen.

Ich saß, mit dem Rücken gegen die Einfassungsmauer unseres „Zeltplatzes" gelehnt, in der warmen Vormittagssonne, war positiv gestimmt und genoß den Blick auf die uns umgebenden prächtigen Sechstausender, deren Grate im Licht silbern leuchteten.

Der Mini-Disc-Player vervollständigte mein Glück mit schöner Musik von Vangelis: „Antarctica".

Etwa 200 Meter von meinem Platz entfernt näherten sich drei Gestalten von links auf dem Pfad, der dem Verlauf der Riesenmoräne folgte. Als sie näher kamen erkannte ich in ihnen drei Trekker, die mit uns in Frankfurt auf das Flugzeug der „Royal Nepal" gewartet hatten. Die drei Gestalten hatten damals schon wie Karikaturen auf uns gewirkt. Dass sie uns hier erneut über den Weg laufen mussten, erregte unsere Heiterkeit, und wir konnten uns das Lachen nicht verkneifen.

Ein „deja vue –Erlebnis" der besonderen Art!

Ich empfand die Tage auf dem Trek zum Basislager anders als Jeni, dessen Krankheit natürlich auch seine Psyche angegriffen hatte. Der nächtliche Überfall in Phading war auch noch nicht vergessen, und die schlecht sitzenden Ersatzschuhe erinnerten ihn mit jedem Schritt an das Negativerlebnis.

Jeder Tag hatte mir bisher schönste Eindrücke geschenkt und ich war froh, hier zu sein.

Die vielen anderen Trekker störten Jeni, aber bisher sah ich stets Gleichgesinnte in ihnen. Die meisten hatten auch eine positive Ausstrahlung, wenn sie freundlich grüßten.

Ich versuchte Jeni meine Ansicht zu verdeutlichen:

„Es ist wie in einem schönen Kinofilm, den ich mit vielen anderen sehe, oder in einem Konzert, auch hier teile ich den Genuss mit Vielen und bin dennoch glücklich".


Das Ideal, aus der Vorstellung in unserem Geist geboren, begegnet uns doch nur ganz, ganz selten im Leben. Das ist dann, wenn wir es erkennen, „the astonishing moment", wie die Amerikaner sagen. Ein treffendes Wort!

Pasang Lapka hatte aus ein paar Zweigen, etwas Plastikfolie einer Tragetasche und ein wenig Schnur einen kleinen Drachen gebaut, den er nun mit einem kleinen Jungen in dem Wind steigen ließ, der beständig durch das Hochtal blies.

Voller Begeisterung waren die beiden bei der Sache, jauchzten und freuten sich über die Flugbewegungen des Drachens. Der kleine Sherpajunge versuchte den Drachen in der Luft zu erhaschen, während Pasang Lakpa ihn geschickt durch den Wind lenkte und das zu verhindern wusste. Ein herrliches, kindliches Spiel in der Morgensonne, das ich in wunderbar lebendigen Fotoaufnahmen festhalten konnte.

Ich hoffte an jenem Morgen sehr, dass mit Jenis fortschreitender Genesung auch eine positive Grundeinstellung einhergehen möge.

Gute Anzeichen gab es. Wahrscheinlich hatte das Spiel der beiden Drachenkünstler vorhin Jeni inspiriert!?

Immerhin hatte er heute sein Lieblingsspielzeug, den Gleitschirm, ausgepackt und ihn ein wenig in den blauen Himalayahimmel aufgezogen – sehr zur Verblüffung der Sherpas, die ihn neugierig umstanden.

Jedesmal, wenn der böige Wind das Fluggerät mit einem Knall zu Boden warf, waren sie derart erheitert, dass sie laut auflachten. Was für ein außergewöhnliches Spiel, dachten sie wohl.

Der unberechenbare Wind gab mir aber zu denken. Ob Jeni seinen Plan, vom Kala Pattar zu fliegen, würde verwirklichen können?

Ich wünschte es ihm, gab dem Unternehmen aber schlechte Chancen, eingedenk der Erfahrungen, die wir mit unseren fliegerischen Ambitionen in den Anden gemacht hatten.

Auch dort hatte ich meinen Gleitschirm bis ins Basislager oberhalb der Llanganuco – Seen transportiert und letztlich auf einen Flug verzichten müssen, da der unberechenbare Wind das Unternehmen zu einer Glückslotterie gemacht hätte.


*Jeni:*

*Zum Glück hat Nawang entschieden, dass wir heute in Pheriche noch einen Rasttag einlegen.*

*Begründet war das mit meinem zugegebenermaßen bescheidenen Gesundheitszustand. Gleichzeitig kam das aber Nawang gut gelegen: Bei den Schweden gab es ein gleiches Problem, sie machen auf jeden Fall einen Ruhetag, weil einer von ihnen leichte Symptome der Höhenkrankheit aufweist.*

*Wenn wir nun allein gehen würden, wären wir einen Tag vor den Schweden am Berg – Nawang hätte die alleinige Arbeit mit der Wegfindung und der Anbringung des Fixseils.*

*Das wollte er sich mit Sicherheit nicht antun, so dass wir ab jetzt synchron laufen werden... wenn auch getrennt.*

*Wir liegen auf der Wiese, ab und an von einem Yak gestört, hören*
*Musik, schauen den tibetischen Frauen zu, die lachend und fröhlich*
*ihre Kinder lausen und kämmen, einfach schön machen.*
*Irgendwann packe ich meinen Gleitschirm aus und mache ein paar*
*Aufziehübungen, was natürlich ein immenses Interesse hervorruft.*
*Niemand hat zuvor einen Gleitschirm gesehen, und alle sind beein-*
*druckt von der Größe des Schirms.*
*Daneben lassen Kinder kleine, selbst gebastelte Drachen fliegen –*
*Horst macht Aufnahmen von den so unterschiedlichen Fluggeräten.*
*Der Wind ist aber völlig unberechenbar, an richtiges Fliegen wäre*
*nicht zu denken. Ich bin froh, dass der ständig wechselnde Wind*
*mich nicht davon fegt.*
*Später machen Horst und ich eine kleine Wanderung, klettern auf*
*den das Tal abschließenden Gebirgszug, auf dem viele Gebetsfahnen*
*flattern.*
*Es geht eigentlich schon wieder ganz gut, die Tabletten meines Docs*
*scheinen zu wirken.*
*Der Höhengewinn von 200 – 300 m wird auch für die Anpassung*
*gut tun.*
*Morgen geht es immerhin nach Lobuche – stattliche 4900 m hoch!*

---

Es war ein angenehmer Rasttag! Wir lagen faul in der Sonne, lasen,
hörten Musik.
Die Küchenjungen, besonders Pasang Tamang, waren fasziniert von
den kleinen Sony-Geräten, kamen herbei und wollten auch einmal
der Musik aus den Ohrhörern lauschen. Bereitwillig überließen wir
ihnen dann für eine Weile die Geräte. Nur waren die vielen Bedien-
ungselemente zu verlockend für ihre Neugier.
Sie probierten alle Knöpfchen aus, drückten hier und da und erwarteten die Reaktionen des Gerätes.
Auf diese Weise löschte mir Pasang die Musikaufnahmen einer Mi-
ni-Disc fast vollständig.

Nach dem Lunch stieg ich mit Jeni auf den Rücken der riesigen Moräne, die jenseits unseres Lagerplatzes aufragte. Wir wollten einen kleinen Höhenreiz setzen, um der nächsten Etappe des Treks gelassener entgegensehen zu können. Wir gingen langsam, plauderten und fotografierten. Von hier oben hatte man einen schönen Blick auf die langgestreckte Hochalm von Pheriche und die überwältigende Bergkulisse, die sie einfasste: Ama Dablam, Taboche, Lobuje.
Im Umkreis von nur zwölf Kilometern drängten sich 23 Sechstausender!
Auf den mit Steinplatten gedeckten Dächern der Hütten glänzte silbern die Sonne, und unsere Sherpas saßen dort unten zusammen und vertrieben sich die Zeit mit Kartenspielen.
Nach etwa eineinhalb Stunden waren wir wieder bei den Zelten, legten uns im Freien auf unsere Isomatten und ruhten noch bis gegen 15.$^{oo}$ Uhr. Dann wurde es rasch kühler, und um 17.$^{oo}$ Uhr lagen dunkle Wolken wie ein Deckel über dem Hochtal. Trotz Faserpelzjacke saß ich fröstelnd im Essenszelt und machte meine täglichen Notizen ins Reisetagebuch.
Die Gruppe der vier Bergsteiger aus Schweden , mit denen wir uns das Gipfelpermit teilten, war nun auch in Pheriche eingetroffen.
Im Laufe des Nachmittags besuchten Jeni und ich unsere zukünftigen Begleiter am Berg, plauderten ein wenig. Sie waren eine auf sich bezogene Kleingruppe, nur ein Bursche nahm sich die Zeit für einen Schwatz mit uns. Er machte sich Sorgen wegen der Höhenkrankheit und hatte heute auch schon im „Pheriche-Hospital" vorgesprochen.
Auch wir waren am Nachmittag noch einmal kurz dort, weil Jeni versuchen wollte, einen Anruf nach Hause zu tätigen. Die nette Amerikanerin musste ihn aber enttäuschen: Die Verbindung aus dem Tal heraus funktionierte nicht. Sie selbst , erklärte sie, könne ihre Eltern auch nicht erreichen.
Ich entdeckte währenddessen zufällig den Puls-Oxymeter auf einer Ablage und war neugierig auf meine Werte:
88 / 65. Das bedeutete, die Sauerstoffsättigung des Blutes betrug 88%, die Pulsrate 65.
„Oh, this is excellent", meinte die Amerikanerin des Hospitalpersonals.
Diese Werte entsprachen meinem subjektiven Empfinden. Ich fühlte mich gut an die bisherige Höhe angepasst.
Wir konnten die nächste „Höhenstufe" in Angriff nehmen!

Die Zauberformel, eine Expedition erfolgreich zu gestalten, lautet: Langsame Akklimatisation und viel trinken! Die notwendige Grundkondition muss man sich allerdings schon ein halbes Jahr lang antrainiert haben, denn in einer Höhe von über 5000 m gibt es keine Erholung mehr. Der Körper baut dann auch im Schlaf ab.

Samstag, 7. Oktober

# Lobuche

In der Frühe verließen wir Pheriche.
Vorher aber gruppierte ich die ganze Expeditionsmannschaft noch zu einem Gruppenbild vor unserem Expeditionziel im Hintergrund. Ich schraubte die Kamera auf das Stativ, schaltete den Selbstauslöser ein und sprang schnell an meinen vorgesehenen Platz in der Gruppe.
So entstand ein im Ausdruck etwas historisch anmutendes Foto, aber es sollte das einzige Bilddokoment bleiben, das uns alle zeigte, die wir uns in jenen Tagen zu einer harmonischen Gruppe zusammengefunden hatten. Aber so schön die Zeit hier war, nun freute ich mich doch auf neue Eindrücke.
Als wir gerade die letzten Hütten passierten, staunte ich nicht schlecht. Die junge Amerikanerin aus dem „Pheriche-Hospital" kam uns joggend entgegen! Joggen auf über 4.000 m - und das ganz lok-

ker. In der engen Stretch-Laufhose wirkte sie mit ihren langen Beinen gazellenhaft. Wie gut musste sie „drauf sein" !!

Wir wanderten dem Talschluss entgegen, immer die massige Gestalt des Lobuje Peak vor Augen, dessen felsige Ostwand in der Sonne lag. Unsere geplante Aufstiegsroute war jetzt gut einzusehen.

Was würde die kommende Woche für uns bereithalten??

Auf der rechten Talseite stach der Taboche über sechstausendfünfhundert Meter in makelloser Schönheit in den Himalayahimmel. Ein überdimensionales Matterhorn mit einer wunderbaren, ästhetischen Ausstrahlung.

Nach einigen Stunden Fußmarsches erreichten wir das untere Ende des Khumbu – Gletschers, der sich über 20 Kilometer von der Südwestflanke des Everest in die Tiefe bewegt.

Die Landschaft wurde nun zusehends rauer. Es gab kaum noch Grüntöne im Farbspektrum der Umgebung.

Eine Grau-Braun-Palette beherrschte das Bild. Wir hatten die letzten Vegetationsspuren hinter uns gelassen und bewegten uns in einer wüstenähnlichen Einöde aus Fels und Geröll.

Für kurze Zeit verlief der Pfad oberhalb des linken Ufers des Dudh Koshi, dann senkte er sich zu zwei einfachen Bohlenbrücken hinab, über die wir das Wildwasser überquerten.

Nach einigen Stunden hatten wir eine kleine Ansammlung von niedrigen Steinhütten erreicht. In krakeligen Buchstaben luden Hinweisschilder zum Verweilen ein: „Everest – Lodge"...

Wir machten hier, unterhalb der gewaltigen Endmoräne des Khumbu-Gletschers, Rast und nahmen unser Lunch im Freien ein. Ein kalter Wind wehte vom Kamm der Moräne herunter, und ich zog es vor, trotz der grellen Sonne meine Faserpelzjacke anzuziehen.

Eine Erkältung wäre das Letzte, was ich jetzt gebrauchen könnte!

Mühsam kamen nun auch unsere Yaks den steilen Pfad herauf, und das Geläute ihrer Glocken, die sie am Hals trugen, verband sich mit den hellen Pfiffen und den kehligen Rufen der Treiber zu einer ganz charakteristischen, unverwechselbaren Melodie des Everest –Treks.

Als die Tiere unsere Höhe erreicht hatten, durften sie anhalten und pumpten schwer die dünne Luft in ihre Lungen. Diese herrlichen, schwarzen Zotteltiere hatten meinen größten Respekt. Ich bewunderte ihre Leistung, die sie tagtäglich für uns erbrachten.

Den schwersten Teil über den Moränenschutt hinauf nach Gorak Shep hatten sie aber noch vor sich.

Auf dem Gipfelkamm der Endmoräne des Khumbu – Gletschers hatte man eine Gedenkstätte errichtet.

Eine ganze Reihe von Denkmälern aus aufgeschichtetem Moränengestein krönten die Anhöhe und erzählten auf ihren Schrifttafeln vom Tod in großer Höhe. Meist waren es Sherpas, derer hier gedacht wurde. Aber auch ein großes Denkmal – geschmückt mit Girlanden aus bunten Gebetsfahnen erinnerte an Scott Fischer, der bei der schlimmsten Katastrophe am Everest im Jahre 1996 ums Leben gekommen war.

Das war „Chukpö Lare", für die Sherpas ein heiliger Ort. Friedhof und Gedenkstätte.

Ich suchte auf der Anhöhe einen guten Standort, um Fotos des eindrucksvollen  Ortes zu machen und um ein wenig ungestört meinen eigenen Gedanken nachzuhängen.

Daran sollte sich später eine kleine Kontroverse zwischen Jeni und mir entzünden.

Für eine halbe bis eine Stunde hatte ich mich von Nawang und Jeni isoliert und hatte damit einen Fehler gemacht. Nachdem wir wieder zueinander getroffen waren, machte mir Jeni Vorhaltungen wegen meines Verhaltens. Ich fand es zunächst kleinlich, wegen einer solchen Lappalie Dissonanzen heraufzubeschwören.

Ich war doch hier, um frei zu sein. In verantwortliche Abhängigkeiten war ich das ganze Jahr über eingebunden...

Erst später, nachdem ich die Situation noch einmal in Ruhe überdacht hatte, begriff ich ihn. Jeni hatte sich ernsthaft um mich gesorgt. Ich hätte natürlich auch weiß Gott wohin gestürzt sein können, eine heimtückische Schwäche hätte nach mir gegriffen haben können... es gab viele Möglichkeiten hier oben, sich plötzlich mit  irgendeiner Unbill des Schicksals auseinandersetzen zu müssen.

Beim Abendessen sprachen wir noch einmal über die Sache und räumten den Missklang aus.

Ich bin es als Lehrer gewohnt, meine Verhaltensweisen und auch die meines jeweiligen Gegenüber richtig einzuordnen oder zu hinterfragen. Und auch Jeni muss in seiner Tätigkeit als erfolgreicher Anwalt stets eine gute Menschenkenntnis unter Beweis stellen.

Dennoch ist es ein bekanntes, gleichwohl rätselhaftes Phänomen, dass während einer Expedition, wenn die Freunde unter hoher physischer und psychischer Anspannung stehen, manchmal all das vergessen wird, was sonst den Umgang miteinander bestimmt. Schmal ist dann der Grat, der darüber entscheidet, ob man seinem Partner die persönlichen Macken übel nimmt oder ob man sich im hergebrachten Verhalten bewegt.

Die Toleranzschwelle sinkt jedenfalls proportional zur Höhe, in die man vorstößt.

Lobuche lag noch im hellen Sonnenschein, als wir uns durch den Morast tasteten, in dem sich der Pfad des Everest-Treks verlor. Von Stein zu Stein balancierten wir uns vorwärts und gelangten schließlich wieder auf begehbares Gelände. Der Ort – sofern man davon sprechen kann – bestand aus einer Handvoll einfachster Steinhütten und einem größeren Bauwerk, das man als Haus bezeichnen konnte. Die übrigen Behausungen wiesen alle Merkmale der Improvisation auf.

Während wir unserem vorgesehenen Lagerplatz zustrebten, wusch sich seitab am Bach ein splitternackter Trekker ohne jede Hemmung. Er schien in keinster Weise zu begreifen, dass er das Empfinden der Sherpas verletzte. Nawang sagte zwar nichts, aber man spürte, dass er von diesem Anblick unangenehm berührt war.

Wieder einmal ein Beispiel, wie gedankenlos viele der Trekker durch dieses wunderbare Land liefen.

Man schämte sich für sie, da man nicht sicher sein konnte, ob man von den Sherpas nicht auch in die gleiche Kategorie „Reicher Westler, der sich um nichts schert" eingeordnet wurde.

Eine halbe Gehstunde von unserem Zeltplatz befand sich das „Italian Research Center" in einem kleinen Seitental. Der futuristische Dachaufbau der Hütte mit den vielen Solarzellen schien mir so gar nicht in diese Umgebung zu passen. Allenfalls die makellose Pyramide des Pumori, die über 7000m hinter dem Bau aufragte, wies eine Nähe zu den Konstruktionslinien des Daches auf.

Die gegenüberliegende Aussicht wurde von der Nordwand des Lobuje Peak, „unseres" Berges beherrscht.

Jeni wollte den Versuch machen, mit Hilfe eines Satellitentelefons mit Daheim Kontakt aufzunehmen.

Leider sollte es beim Versuch bleiben, und er blieb weiter in der quälenden Ungewissheit, ob seine Tochter ihr Universitätsexamen geschafft hatte oder nicht. Der Anrufbeantworter konnte ihm seine Fragen nicht beantworten.

Als wir im Gastraum der Hütte saßen und etwas tranken, spürte ich, wie sich bohrende Schmerzen in meinem Kopf ankündigten. Deshalb nahm ich auch die anderen Gäste im Raum nur am Rande wahr.

Auch das niedliche Hundebaby, das mit jedem spielen und seine Zähnchen üben wollte, nahm ich kaum zur Kenntnis – und das wollte schon etwas heißen!

Es waren wohl in erster Linie Italiener einer Pumori-Expedition, die sich hier aufhielten. Größtes Vergnügen zeigten sie beim Spiel mit dem kleinen Hündchen, das offenbar zur Hütte gehörte.

So gut ich mich noch in der Frühe gefühlt hatte, nun ging es mir mies. Über 700 Höhenmeter machten sich nachdrücklich bemerkbar. Aber auch „moralisch" hatte ich einen „Durchhänger". Wahrscheinlich bedingte das Eine das Andere.

Eine Erfahrung des Aufsteigens in große Höhen wurde wieder einmal bestätigt: Der Körper kann zu unvorhergesehenen, so nicht erwarteten Reaktionen neigen.

Ich nahm zwei Aspirin ein und hoffte, sie könnten meine Kopfschmerzen eindämmen.

Um 17.$^{30}$ Uhr senkten sich wieder graue Nebelschwaden in das öde Hochtal und verliehen der Umgebung das Aussehen einer Mondlandschaft, geschaffen aus den Schuttmassen des Khumbugletschers.

Im Mannschaftszelt fauchten die Kerosinkocher, und die Sherpas lachten, scherzten und sangen wie immer bei der Arbeit Das von innen erleuchtete Zelt warf auf seinem Tuch grotesk verzerrte Schattenrisse, die in der rasch einbrechenden Dunkelheit fast unheimlich wirkten.

Lustlos aß ich mein Dinner und kroch in den Schlafsack. Gegen Mitternacht wachte ich auf und trat nach draußen. Der Himmel war vollkommen wolkenfrei, und der silberne Mond beschien eine Märchenwelt.

Vor mir ragte der Nuptse eisgrau in den schwarzen Himmel, messerscharf zeichneten sich seine Grate ab.

Millionen Sterne funkelten zum Greifen nahe über mir. Der Augenblick schien zu einem anderen Zeitalter zu gehören. Absolute Stille lag auf der nächtlichen Kulisse.

Staunend ließ ich das Bild auf mich wirken. Allein dieser Moment war schon die Belohnung für den weiten Marsch von Lukla bis hierher!

Ich spürte die Kälte nicht, als ich mein Stativ mit der Kamera aufbaute, um einige Fotos zu machen.

Die Nachtaufnahme des Nuptse unter dem Sternenhimmel, die dabei entstand, gehört zu den eindrucksvollsten Bildern, die ich von der Expedition nach Hause brachte.

Meine Kopfschmerzen waren nur noch entfernt zu spüren, ich freute mich, dass ich wachgeworden war und war schon positiv auf den kommenden Tag eingestellt.

Sonntag, 8. Oktober

# Gorak Shep

Nawang hatte heute keine Eile. Bis die Sonne aufging, froren wir bei Minus 5 Grad. Als uns aber die ersten Strahlen erreichten, wurde es rasch warm, und wir frühstückten in unserem sonnenbeschienenen Essenszelt.

Dann warteten wir, bis die Zeltbahnen vom Raureif befreit und getrocknet waren.

Es folgte der übliche Packrhythmus, und gegen 9.00 Uhr marschierten Jeni und ich noch vor den Yaks los.

Jeni wollte noch einen Versuch machen, vom „Italian Research Center" aus in die Heimat anzurufen.

Doch auch dieser Versuch schlug fehl: keine Verbindung! Wieder eine Enttäuschung für Jeni, den die Sorge um Meikes juristisches Staatsexamen keine Ruhe ließ.

Wir wanderten zurück und schlugen dann den Weg nach Gorak Shep ein.

Mit jedem Schritt entlang der Seitenmoräne des Khumbu-Gletschers eröffnete sich ein weiter Kessel, der von wunderschönen Berggestalten eingeschlossen wurde.

Eine himmelstürmende Silhouette von Sechstausendern, Siebentausendern und Achttausendern umgab uns.

Links von uns erhob sich die ebenmäßige Pyramide des Pumori, rechts die gewaltige Nuptse-Wand.

Die Sonne flutete in das riesige Amphitheater, in dessen Zentrum wir uns bewegten, und wir konnten trotz der großen Höhe im T-Shirt marschieren.

Ich war glücklich, mich körperlich wieder vollkommen erholt zu haben. Und ich war glücklich, hier in diesem phantastischen Land zu sein. Ich war gefangen von der Natur und hatte das starke Gefühl, mitten im Zentrum einer Welt zu sein, deren mystische Ausstrahlung mich ergriffen hatte.

Ich hatte die Mitte, den Ort des Gleichgewichts und der Harmonie gefunden.

Nicht was ich tat war von Bedeutung. Bedeutend für mich war nur, dass ich es tat. Dass ich meinen jahrelang gehegten und gepflegten Traum verwirklichte. Träume leben – ohne Träume wäre ein Leben armselig.

„Welcome to the highest Snowland – Inn" , so begrüßte uns eine kleine Werbetafel, die etwas windschief im Geröll der Moräne steckte. Wir verzichteten aber auf einen Besuch des "Inns" und bauten unsere Zelte in einer kleinen Mulde auf dem Moränenrücken auf. Von dieser erhöhten Aussichtskanzel hatte man einen wunderbaren Blick hinauf zum oberen Khumbu-Gletscher. Direkt unter unserer Moräne breitete sich eine ebene Fläche aus feinem, weißem Sand aus. Das war der ehemalige Boden des Sees, dessen Wasser einige hundert Meter weiter nördlich grün spiegelte. So weit hatte er sich zurückgezogen.

Wir legten unsere Isomatten vor das Zelt, benutzten die Rucksäcke als Kopfkissen und schauten hinüber zu den Achttausender-Riesen, die ihre weißen Gipfel in den strahlend blauen Himmel reckten. Es war das staunende  Schauen, wie man es vielleicht zuletzt als Kind getan hatte.

Die Sherpas bereiteten derweil auf dem fauchenden Kerosinkocher das Essen zu. Wie gewöhnlich lachten und sangen sie dabei. Und bald bekamen wir Besuch von einer kleinen Schar  zutraulicher Schneehühner. Die Sherpas machten sich ein Vergnügen daraus, die Tiere nah herbeizulocken und mit Reiskörnern zu füttern.

Nach dem Lunch wurde Jeni von der Unruhe gepackt:

„Komm Horst, wir schauen mal, ob wir einen geeigneten Startplatz finden!"

Jeni hatte seinen Gleitschirm bis hierher transportieren lassen und war natürlich auf einen Flug vom Kala Pattar aus. Dieser Berg nahm sich im Schatten vor der herrlichen Kulisse des Siebentausenders Pumori wie ein unbedeutender, kleiner Hügel aus. Aber mit über 5.500 Metern ist er weit höher als der Mont Blanc.

Ich nahm nur den Fotoapparat mit, und dann stiegen wir erst die Moräne, auf der unser Lager stand, hinunter und begannen unseren Aufstieg zum Kala Pattar. Zunächst ging es recht steil bergauf, aber bald neigte sich der Hang zu einer sanft ansteigenden, kahlen Plateaufläche. Hier fand Jeni was er suchte, einen geeigneten Platz, an dem sich der Paragleiter auslegen und in Startposition bringen lassen könnte.

Sollte der Start gelingen, gäbe es einen kurzen Flug über dem ehemaligen Seeboden, der auch einen perfekten Landeplatz abgeben würde.

Ich stellte mir im Geiste schon die spektakulären Motive für meine Kamera vor: Jenis gelber Schirm vor der Achttausenderkulisse im Hintergrund – einfach grandios!! Morgen wollte er einen Flugversuch machen, ich war schon jetzt ganz gespannt.

Ein Blick auf die Uhr zeigte uns, dass es erst 14.$^{00}$ Uhr war, und so beschlossen wir weiter aufzusteigen.

Stetig stiegen wir die ansteigende Hochfläche hinauf, jeder in seine eigenen Gedanken vertieft.

Kein Mensch war außer uns am Berg, und wir genossen die Einsamkeit. Mit jedem Schritt, den wir höher stiegen, wurde die Aussicht auf den Khumbu-Gletscher und das Panorama der Achttausender spektakulärer.

Tief unten auf dem Gletscher war an den kleinen bunten Farbklecksen eine Gruppe von Zelten zu erkennen.

Wahrscheinlich ein Basislager für die Besteigung des Pumori.

Aus dem Schutt der Gletscheroberfläche erhoben sich hellblau und türkisfarben skurril geformte Eistürme, die auf dem Gletscherstrom wie Phantasieboote dahinzutreiben schienen.

An anderen Stellen eröffneten sich kraterartige Vertiefungen im Gletscher und gaben einen kleinen Blick auf sein Inneres frei.

Blaugrünes Eis leuchtete aus dem schwarzgrauen Schutt, als sei der Eisstrom von innen illuminiert, und am Kraterboden schimmerten dunkelgrün kleine Seen.

Es war eine phantastische Welt, in der wir uns bewegten.

Nun wurde das Gelände wieder steiler, denn wir näherten uns dem Gipfelaufbau des Kala Pattar, der wie eine gigantische Aufschüttung von Urgesteinsblöcken wirkte. Wir kletterten über die Riesenblöcke, die in ihren jeweiligen Positionen sehr labil wirkten. Doch das täuschte, denn alle diese Blöcke waren stabil verkeilt und hatten eine - zumindest vorläufig - fixe Lage gefunden.

Wir fühlten uns gut akklimatisiert und waren ausgesprochen schnell auf dem Gipfel, der durch viele bunte Girlanden mit Gebetsfähnchen markiert wurde.

Dann saßen wir ganz allein auf diesem höchsten Punkt, versunken in die Betrachtung des überwältigenden Panoramas, das sich vor unseren Augen auftat: Die gewaltige Nuptse-Wand, aus der Lawinen donnerten, der Khumbu-Gletscher mit seinen weißen Eistürmen, der berühmte Eisbruch – das Tor zum Tal des Schweigens unter der Everest-Südwestflanke...

Und dort, im Scheitelpunkt der Linkskurve, die der Eisstrom beschreibt, konnte man an den kleinen bunten Farbtupfern im Grau des Moränenschutts die Zelte des Everest-Basislagers erkennen.

Und in jenen Tagen sollte auch wieder eine spektakuläre Aktion ihren erfolgreichen Abschluss am Everest finden. Einem Slowenen war die Abfahrt vom Gipfel über die klassische Südroute bis ins Basislager gelungen.

Unser Freund Peter aus Schottland hatte sogar die Gelegenheit die Aktion im Basislager live am Laptop mitzuerleben. Die Abfahrt wurde wohl mit einer kleinen Helmkamera für das Internet übertragen.

Wir saßen eine ganze Weile am Gipfel und beobachteten den Zug der Wolken über der Nuptse – Wand.

Und dann hatten wir Glück! Der Wolkenvorhang wurde löchrig, riss schließlich ganz auf, und wir hatten die Giganten des Planeten vor uns: Mount Everest, Lhotse, Lhotse – Shar ! Da schwebte sie, die Gipfelpyramide des Everest!

Gestochen scharf zeichnete sich der Südgipfel ab, der Südgrat und der höchste Punkt der Erde: 8.848m. Der Blick reichte fast bis zum Südsattel.

Die visuelle Überwältigung machte uns sprachlos.

Ich hob die Kamera ans Auge und schoss ein Foto nach dem anderen. Traumhafte, immer neue Spiele der Wolken um den Gipfel – ein Motiv schöner als das andere. Ich verschoss einen Film und ärgerte mich, dass dies der einzige war, den ich dabei hatte. Aber die Besteigung des Kala Pattar war ja eher ein spontaner Entschluss gewesen.

Lange noch blickte ich beim Abstieg zurück zu diesem magischen Gipfel des Everest, der von der Nachmittagssonne angestrahlt und in ein gelb- orangefarbenes Licht getaucht wurde, so dass auch die feinsten Konturen sichtbar wurden. Ich versuchte mir dieses Bild ganz fest einzuprägen, ich würde keine Eindrücke von Fotos abrufen können.

Ich war in diesem Augenblick froh, dass wir zum Gipfel des Kala Pattar hinaufgestiegen waren. Alleine dieses Panorama genießen zu dürfen – ein bergsteigerischer Traum hatte sich erfüllt.

Voller Selbstvertrauen konnten wir den kommenden Tagen entgegensehen. Der Aufstieg zum Höhenlager würde wohl keine Probleme bereiten.

Als wir zu unserem Zeltlager zurückkehrten, wurde es rasch dunkel, und in der Nacht sollte es zum einzigen Male während der Expedition ein wenig schneien.

# Abbildungen

*Namche Bazar*

*Unser Quartier in Namche Bazar*

*Nawangs Schwiergereltern – unsere Gastgeber in Namche Bazar*

*Begegnung mit dem Lama von Thame*

*Ang Rita Sherpa*

*Unser Sirdar:  Nawang Samten Sherpa*

89

*Eine der zahlreichen Hängebrücken über den Dudh Koshi*

*Nacht in Tengboche*

*Pheriche*

*early – morning – tea*

*Die Expeditionsmannschaft in Pheriche*
*vor dem Marsch nach Gorak Shep*
*Im Hintergrund der Lobuje Peak*
*Hintere Reihe von links: Einer der Yaktreiber,Pasang*
*Tamang,Lakpa Sherpa,Sirdar Nawang,Bisnu Sersth*

*Vordere Reihe von linls:Der Autor, Pasang Lakpa Sherpa,*
*der zweite Yaktreiber, Jeni*

*Basislager am Lobuje Peak 4.900 m*

*Hochlager 5.400 m*

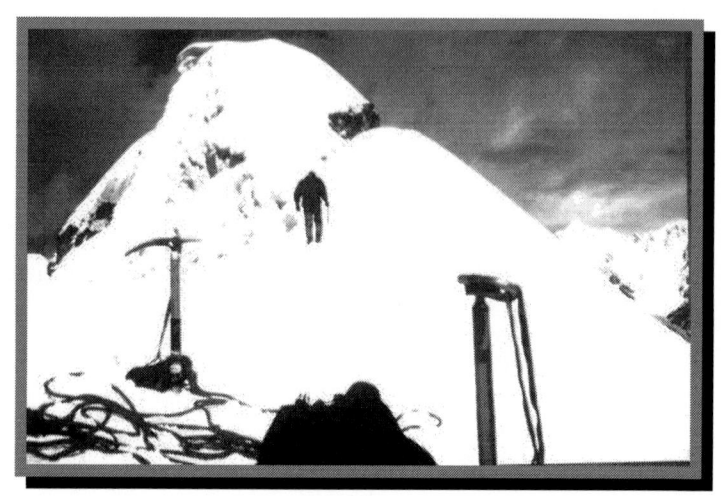

*Aufstieg in der Gipfelzone 6.000 m*

*Auf dem Lobuje Peak*

# Kapitel 3

# Der Berg

Nur was nicht aufhört
wehzutun,
bleibt im Gedächtnis

Nietzsche

Montag, 9. Oktober

# Zum Basislager des Lobuje Peak

Eine unschöne Nacht lag hinter mir. Es schneite kleine Eiskörner, die geräuschvoll auf dem Zelttuch aufschlugen. Halb schlafend, halb wachend lag ich im Schlafsack, und irgendwann ging in der Nuptse – Wand eine große Lawine ab, deren Donnern mich vollends weckte. Dabei spürte ich mit großem Verdruss, dass die Kopfschmerzen wieder kamen und im Laufe der Nacht immer heftiger wurden. Gegen Morgen nahm ich deshalb Aspirin ein. Jeni beobachtete bei sich die typischen Höhen - Atemprobleme.

Merkwürdig, diese Symptome, nachdem wir doch am gestrigen Nachmittag einen Höhenreiz gesetzt hatten, indem wir auf über 5.500 m gestiegen waren!?

Zu alledem passte auch das Pech Jenis mit seinem Versuch vom Kala Pattar zu fliegen.

Nachdem er sich auf das Hochplateau hinaufgemüht und den Gleitschirm ausgelegt hatte, spielte ihm der unberechenbare, böige Wind einen Streich. Jeni bemühte sich vergebens, den Schirm in eine mögliche Startposition zu bringen.

Ich erwartete ihn derweil unten am vorgesehenen Landeplatz im Zentrum des „Sandsees", die Kamera aufnahmebereit in den Händen. Und während ich wohl eine Stunde wartete, kroch mir die Kälte durch die Sohlen der Trekkingschuhe in die Zehen, während über mir die Morgensonne hell strahlte und mir Gesicht und Ohren wärmte.

Das „Fotoshooting" fiel somit leider in den Sand des ehemaligen Seebodens... Jeni gab schließlich seine Bemühungen auf und packte den Schirm wieder ein. Die Himalayagötter hatten ganz offensichtlich Einwände!

Flüge in den hohen Bergen sind wegen der unberechenbaren Höhenwinde keine Spielerei. Nach den Erfahrungen in den Anden durften wir hier im Himalaya eine weitere Bestätigung dieser Tatsache erleben.

Gegen 9.$^{30}$ Uhr machten wir uns wieder auf den staubigen Weg über die riesigen Moränenwälle des Khumbu-Gletschers hinunter nach Lobuche. Jeni und ich gingen alleine, da Nawang noch beim Beladen der Yaks helfen wollte. Wir hatten einen Treffpunkt bei den letzten Hütten von Lobuche ausgemacht, wo uns die Küchenjungen mit dem Lunch erwarten sollten.

Unterwegs gab es eine eindrucksvoll schöne Szene zu beobachten: Auf dem Talboden vor dem schweren Moränenanstieg nach Gorak Shep hatte eine große Yakkarawane Rast eingelegt. Die schönen, schwarzen Yaks, prächtige, bunt geschmückte Tiere, grasten, während die Treiberfamilien – Männer und Frauen – in malerischer, dunkelroter Kleidung im Kreis zusammensaßen, schwatzten, lachten und einen Imbiss zu sich nahmen.

Stolze, schöne Menschen, die uns keinerlei Beachtung schenkten.

Nach zwei Stunden des Abstiegs trafen wir am vereinbarten Ort ein, Pasang breitete auf einem sonnenbeschienenen Wiesenhang die blaue Wachstuchdecke aus und servierte unser Lunch: Thunfisch, Yakwurst; Käse und Tschappatis. Dazu hot lemon und Tee.

Wir lagerten auf dem Boden und beobachteten den Zug der Trekker, die hinauf nach Gorak Shep wollten.

Man kam wieder rasch ins Gespräch nach dem Woher und Wohin. Sprach ich dann von unseren eigenen Absichten, kam wieder der anerkennende Satz: „Ah, you are climbers..." Sofort sortierte man uns in der Rangfolge derer, die sich hier oben aufhielten, um einige Stufen höher ein.

Wie lange der Weg noch sei, wollte man von uns wissen und ob es Übernachtungsmöglichkeiten in den Lodges gebe. Wir beantworteten die Fragen, soweit es unser Kenntnisstand erlaubte und machten uns dann für den Weiterweg fertig. Inzwischen war auch Nawang mit den Yaks und ihren Treibern eingetroffen.

„You have to go with the Pasang", beschied uns Nawang. Er wollte wohl auch eine kleine Rast einlegen.

Daher hefteten wir uns an die Fersen des Kochs und der Küchenjungen. Der Weg bis zum Basislager sollte nun nicht mehr weit sein. Die Küchenjungen rannten förmlich los, sie freuten sich schon auf die für sie geruhsameren Tage im Basislager.

In ihren geflochtenen Tragekörben schepperten die Kochgerätschaften, und aus dem Kerosinkanister schwappte der Brennstoff und verbreitete einen penetranten Gestank.

All das störte die Jungen nicht, sie jubilierten aus Leibeskräften, sangen, lachten und stießen spitze Schreilaute aus. Ihre Lebenslust schäumte förmlich über!

Der Koch nahm es gelassen zur Kenntnis und ließ die beiden gewähren. Er nahm seine Führerrolle gewissenhaft wahr, wie es ihm sein Sirdar aufgetragen hatte.

Nach einer Stunde blickten wir von einer Anhöhe herab auf den Platz für unser Basislager unter der Lobuje – Ostwand. Es war ein idyllischer Winkel, ein Ort, wie ihn ein Landschaftsgärtner nicht hätte schöner gestalten können.

Im Zentrum einer kleinen Ebene unter den Felswänden des Lobuje-Peak blinkte der grüne Wasserspiegel eines Sees, der von einem weißen Sandstrand eingefasst wurde. Wie von einer Riesenhand eingestreut lagen Gruppen von größeren und kleineren hellen, abgerundeten Findlingsblöcken in der näheren Umgebung des Wassers und lockerten die Szenerie reizvoll auf.

Wir bauten die Zelte auf und richteten uns für die nächsten Tage wohnlich ein. Dann legten wir die Isomatten aus und lagen faul in der Sonne, hörten Musik und hingen unseren Gedanken nach.

Eigentlich fühlte ich mich nach der letzten Nacht an diesem Nachmittage so, dass ich alle Zweifel hatte, jemals diesen Lobuje – Gipfel zu erreichen. Aber ich wusste ja, das konnte sich rasch wieder ändern. Ich hoffte jedenfalls auf eine solche Wendung.

Unsere Nachbarn, die Vierergruppe aus Schweden war nun auch eingetroffen. Ihr kleines Zeltdorf wurde am jenseitigen Seeufer aufgebaut, so dass wir auch weiterhin für uns blieben.

Gegen 15.$^{oo}$ Uhr verschwand die Sonne hinter dem Felsgrat über uns, dann saßen wir wieder in einer unangenehm kalten grauen Nebel-Wolken-Suppe.

Der Tag wurde nach dem gleichen Muster beendet wie alle anderen Tage bisher auch: 18.$^{oo}$ Uhr Dinner, und dann gehörten die weitern Abendstunden dem Musikhören im kuschelig warmen Schlafsack. Nur leider hielt der angenehme Zustand nicht lange an. Nach einer Stunde musste man wieder ins Freie – des vielen Tees wegen, den man trinken musste, um nur ja nicht die Gefahr einer Höhenkrankheit zu provozieren. Dann hieß es jedes Mal den Schlafsack öffnen, im Schein der Taschenlampe Schuhe und Klamotten zusammensuchen, das Zelt öffnen und in die kalte Luft hinausgehen.

Das alles geschah immer mit der Situation entsprechenden unschönen Kommentaren unter erheblichem Geächze und Geschnaufe.

Aber es war ein traumhaft schönes Fleckchen Erde, das Nawang als Platz für das Basislager ausgesucht hatte.
Wunderbar still war es hier, fernab der Geschäftigkeit auf dem Everest-Trek, und man hatte auch die Muße, den Blick von den gewaltigen Berggestalten um uns her zu lösen und sich auch den kleinen Dingen zu unseren Füßen zuzuwenden. Eine ganz einzigartige Vegetation gab es da zu bestaunen. Kleine Pflanzen, die ich in diesen Formen und Farben noch nicht gesehen hatte. Manche erinnerten an Korallenstöcke, andere an Sukkulenten aus Wüstengebieten.
Ich glaube, ein solcher Platz wäre bei uns längst für den öffentlichen Zugang gesperrt worden. Gott sei Dank, die politischen Alleskönner und Alleswisser, die schlimmen Bevormunder unserer Zeit, waren hier weit weg – wenn es sie überhaupt gab.
So konnten wir dankbar den Ort in seiner paradiesischen Schönheit mit allen Sinnen aufnehmen.

Besonders schön waren die frühen Morgenstunden, wenn die Strahlstürme in über 8.000 Metern enorme Schneefahnen vom Gipfel des Lhotse rissen, und die ersten Sonnenstrahlen die gefrorene Seeoberfläche brachen.
Millionen von Diamanten schienen dann für kurze Zeit auf dem See ihren Lichterzauber zu entfachen, die Luft war ohne jede Bewegung, nur in der großen Höhe der Bergriesen tobte das Chaos. In diesen Momenten hatte man das Empfinden, sich in einer Welt zu befinden, die nicht nach den gewohnten Kategorien geschaffen war.

Dienstag, 10. Oktober

# Basislager

In der vergangenen Nacht konnte ich zum Glück einen erholsamen Schlaf finden – wenn man davon absah, dass unsere Sherpas mit denen der Schweden gestern Abend Party feierten: Lautes Lachen und Erzählen bis spät in die Nacht. Bei der Schwedengruppe waren auch einige Sherpani – ich glaube fast, das war der Grund für den Besuch unserer Sherpas dort.

Das helle spitze Lachen und das laute Geschnatter der jungen Frauen übertönte das der Männer immer wieder.

Aber da ich ohnehin bis 22.$^{oo}$ Uhr Musik gehört hatte, störte mich das große Hallo im Schwedencamp nicht sonderlich.

Nun war es 9.$^{oo}$ Uhr, wir hatten gefrühstückt und genossen die warme Sonne.

Heute fiel mir auf, dass die guten Sitten allmählich verkamen. Es wurde sich hemmungslos aus allen Körperöffnungen entgast, Körperpflege beschränkte sich auf „Katzenwäsche". Allerdings war ich doch froh, dass der Akku meines Rasierapparates immer noch Energie abgab. Ich konnte mich jeden Morgen rasieren.

Vorhin gönnte ich mir das Vergnügen einer ausgiebigen Fußwäsche mit warmem Wasser in der kleinen Alublechschüssel. Anschließend gab es frische Socken! Die kleinen Vergnügen waren hier die schönsten.

Wie auch das Einschlafritual mit dem Mini-Disc-Spieler, einigen Süßigkeiten als Naschwerk – Zahnpflege hin oder her...,den Gedanken an die Lieben daheim. Ja, in den stillen, dunklen Phasen des Tages erscheinen dann die vertrauten Bilder. Sie wirken einerseits beruhigend, andererseits wird der Beschützerreflex wach: Geht es ihnen gut zuhause? Was wird Dino, unser Hund, wohl angestellt haben? Ob sich die Bäume im Garten schon verfärbt haben? Eine schöne heiße Badewanne, das wäre jetzt etwas...

Aber so schnell sie gekommen waren, so schnell flogen sie auch wieder davon, die Gefühle des Heimwehs und der Sehnsucht. Die Sinne wurden hier so sehr beansprucht, täglich  neue Eindrücke zu verarbeiten, dass sie gleichsam permanent eingeschaltet waren und solche Anwandlungen rasch ausgeblendet wurden.

Die weiteren Vormittagsbeschäftigungen bestanden aus Grußkartenschreiben und dem Sortieren und Zurechtlegen der Ausrüstung für die kommenden Tage am Berg.

Das war immer ein kleines Stück Arbeit, die Seesäcke zu entleeren – das Gesuchte befand sich in aller Regel zuunterst – alles wieder in einer logischen Abfolge einzupacken und die schweren Säcke erneut im Zelt zu deponieren. Dann hatte man meist doch noch etwas vergessen und das Spiel konnte von Neuem beginnen.

Plötzlich rief uns Nawang: „Look up there!" Er deutete hinauf zum Gipfel des Lobuje, der jetzt am Morgen in schöner Klarheit weiß im blauen Himmel leuchtete.

Winzig klein konnten wir zwei dunkle Punkte erkennen, Bergsteiger, die im Abstieg vom Lobuje Peak begriffen waren.

Rasch kramte ich das Fernglas heraus und beobachtete die beiden, die sich auf dem gleißend hellen, steilen Firnfeld abwärts bewegten. Ich wünschte in diesem Augenblick, wir wären schon soweit.

Es mussten die beiden Engländer sein, die ihr Basislagerzelt unweit von unserem unter der Ostwand des Lobuje aufgebaut hatten.

Jenis Infektion war offenbar immer noch nicht ausgeheilt. Er maß eine Pulsfrequenz von 90 ! Bei mir war die Anpassung besser vorangekommen: 60 bis 63 Schläge Ruhepuls zählte ich. Immer noch zehn Schläge mehr als üblicherweise daheim. Aber diesen Effekt rief die Höhe hervor.

Aber die relativ gute Akklimatisation verhinderte nicht die gewohnten Kopfschmerzen bei jedem neuen Höhensprung. Daher graute mir schon jetzt vor der Nacht im Hochlager!

Aber ich zog es nun doch vor, die natürliche Harmonie unseres Basislagerplatzes zu genießen: Das sanfte Auf- und Ab des weißen Sandstrandes, die Polsterpflanzen und die wahllos eingestreuten Felsblöcke mit ihrer schwarz-weißen Musterung, der grüne See, in dem wie mit Bedacht zwei große Felsblöcke lagen – an der ästhetisch sinnvollsten Stelle... all das machte dieses Fleckchen Erde zu einem zauberhaften, kleinen Paradies.

In der Frühe war ich mit dem Makroobjektiv auf Motivsuche. Im frühen Morgenlicht noch mit dem gerade auftauenden Raureifüberzug der Nacht sah die Mikrowelt der kleinen Sandpflanzen mit ihren kleinen Blütenständen wunderschön aus.

Hätte Pasang nicht das Frühstück serviert, hätte ich noch lange durch den Kamerasucher schauen und staunen können.
Am Nachmittag sammelte der junge Yaktreiber einen ganzen Arm voll trockene Kräuter und dann brannten die Sherpas ein Puja-Feuer ab. Eine religiöse Zeremonie für das Gelingen unseres Gipfelaufstiegs. Der blaue Rauch der wohlriechenden Kräuter stieg in der ruhigen Luft langsam hinauf zu den Flanken des Lobuje.
Auch die Sherpas der Schwedengruppe nahmen sich ein Beispiel und schickten ebenfalls ihr Rauchopfer an die Götter.

Danach sortierte Nawang seine reichlich antiquiert wirkende Eisausrüstung und stieg anschließend auf den Moränenrücken des jenseitigen Seeufers. Dort stand er lange als unbewegliche Figur in seiner roten alten Daunenjacke, den Kopf mit der Baseballmütze in den Nacken gelegt und schien, den Lobuje Peak im Blick, ganz in Gedanken versunken zu sein. Dann wendete er sich um und starrte einsam in die grauen Nebel, die aus der Richtung der Ama Dablam herüberzogen.
So wirkte er wie ein Feldherr vor der entscheidenden Schlacht, der weittragende Entschlüsse zu fassen hat, die ihm nur aus der Einsamkeit zuwachsen können.
Zu gerne hätte ich gewusst, was in ihm vorging.
Währenddessen arbeiteten die vier „Küchenarbeiter" in ihrem Zelt und bereiteten auf dem fauchenden Kerosinkocher unser Dinner vor – wie immer untermalten sie ihre Tätigkeit mit lauten, fröhlichen Gesängen.
Ihre Lieder variierten sie, indem sie zwischendurch hohe Trillerlaute und jodlerähnliches Gejauchze ausstießen, das von den schwarzen Felswänden des Lobuje zurückgeworfen wurde.
Eine Ergänzung fanden diese Ausdrücke der puren Lebensfreude durch das helle Lachen der drei Sherpani-Frauen, die im schwedischen Teil des Basislagers ihrer Arbeit nachgingen.
Zum Nachtisch kam Pasang mit einer Überraschung. Es gab köstlichen „apple-pie". Der gute Junge strahlte über das ganze Gesicht, als ich den Kuchen lobte.
„It was me, who made it", bekannte er sich zu seinen Backkünsten.
Um 20.$^{00}$ Uhr ging ich noch einmal ins Freie und bekam eine Kulisse von überirdischer Schönheit geboten.
Alle Wolken hatten sich verzogen, der Himmel war reingefegt, und über unserem See hing der Vollmond, der mit seinem bleichen Licht

die Nuptse-Wand beleuchtete, im schwarzen Geländeeinschnitt des jenseitigen Seeufers schimmerte mattsilbern die Pyramide der Ama Dablam.
Dazu spiegelten sich die von innen beleuchteten Zelte des Schweden-Camps im spiegelglatten Wasser des Sees, und die Sherpas der Schweden hatten ein kleines Lagerfeuer entfacht, das sie umsaßen, sich wärmten und munter schwatzten. Auch unser Sirdar Nawang war dort drüben, ich erkannte seine Stimme und sein typisches Lachen heraus.
Ich konnte nicht anders, ich musste einfach einige Nachtaufnahmen mit dem Stativ machen.

Mittwoch, 11. Oktober

# Hochlager

$9.^{oo}$ Uhr, eine große Umräumaktion war in vollem Gange. Morgen sollte unser Gipfeltag sein! Alle Dinge , die wir für das Hochlager und den Gipfelgang benötigen würden, mussten zusammengepackt und – das war das Unangenehmste – unser Zelt musste abgebaut werden, da es hoch oben gebraucht würde.

Das bedeutete jede Menge Arbeit am frühen Morgen, und ich fühlte mich nach einer schlechten Nacht nicht gerade fit!

Dazu musste der Geist hellwach sein. Kein wichtiges Ausrüstungsdetail durfte vergessen werden, denn das könnte sich hoch oben am Berg bitter rächen.

Eine gewisse Nervosität verdrängte nun die wohltuende Ruhe und Muße des vergangenen Tages. Es wurde ernst, das eigentliche Ziel unserer Expedition, die Besteigung eines Sechstausenders, sollte in Angriff genommen werden.

Ich wusste, was das bedeutete. So ähnlich muss sich ein Tour de France- Teilnehmer fühlen, wenn es über den Col de Madeleine hinauf nach L'Alpe d'Huez geht.

Die große Quälerei war angesagt!

Dann stiegen wir durch den gewaltigen Geröllkessel unter der Lobuje – Ostwand auf. Ein mühsames Steigen war das, jeder Tritt musste genau gesetzt werden , da der Untergrund sehr labil war.

Wie klein unser Basislagerplatz doch von hier oben aus wirkte! Wir blickten hinunter und hofften, in zwei Tagen wieder wohlbehalten dort einzutreffen. Wunderschöne große, grüne Seen wurden in der Ferne sichtbar. Ob das wohl die Seen von Gokyo sind, fragte ich mich.

Wir stiegen langsam, nahmen uns Zeit. Wir hatten heute nichts zu versäumen. Hin und wieder hielten wir inne, betrachteten die Landschaft, machten Fotos und schätzten unser Höherkommen ab.

Nach einer Linkswendung gab es noch eine kleine Kletterschlange im Steilgelände, und dann erblickten wir schon das Hochlagerzelt – unser gewohntes vom Basislager. Die Sherpas hatten es heraufgeschleppt und in einer äußerst spektakulären Position unmittelbar am Rande der Felswand aufgestellt. Ein Adlerhorst !! Wir würden in der Dunkelheit extrem vorsichtig sein müssen, um nicht unversehens in den Geröllkessel hinunter zu segeln!

Aber dafür hatte man eine einzigartige Aussicht auf die lange Kette der Himalayaberge.

Sogar Teewasser fand Pasang Lakpa hier oben in einer natürlichen Felszisterne!

# *Jeni:*

*Heute ist der 11.10.00. Die täglichen Infos kommen heute nicht aus dem Zelt, sondern vor dem Zelt. Ich huste, das ist aber nicht weiter wichtig.*

*Ich sitze im Hochlager auf 5.300 m in einem unvergleichlichen Adlernest. Es ist kaum zu beschreiben, was sich hier an Hochgebirge um uns herum auftürmt.*

*Die Ama Dablam und alle möglichen Riesenberge stehen um uns herum. Links von uns der Lobuje, auf den wir morgen steigen wollen. Das Zelt steht an einem Abgrund, und wir sind in gut zwei Stunden hier hochgekommen.*

*Jetzt gibt es ein kleines Interview:*

*„Mr. Sirdar, what do you think about the time, we'll need tomorrow?"*

*"May be four hours – that would be very good I think!"...*

*Ja, man sieht, die Stimmung ist gelöst und wir fühlen uns auch trotz des anstrengenden Aufstiegs gut, weil das, was wir hier sehen, einfach nicht zu überbieten ist. Da vergisst man völlig all die lästigen Beschwerden. Wir genießen den Tag, können uns einfach nicht satt sehen an der unvergleichlichen Umgebung, trinken viel und mustern verstohlen den Weg, der sich zunächst durch Felsen, dann über Eis und Schnee bis zum langen Gipfelgrat des Lobuje hochzieht.*

*Erstmals fühle ich mich wieder gut, die Leichtigkeit, mit der ich den Aufstieg ins Hochlager geschafft habe, die relative Eleganz, mit der die Kletterpassagen locker gemeistert wurden, haben auch Selbstvertrauen gegeben!*

*Wenn in der Nacht jetzt kein Rückschlag kommt, oder der Höhenkoller heranrauscht, könnte es morgen tatsächlich doch noch klappen! Vor ein, zwei Tagen hätte ich das noch für absolut unmöglich gehalten!*

Nachdem wir das Zelt für die kurze Nacht vorbereitet hatten, genossen wir noch die wunderbare Abendstimmung. Als das letzte Licht des Tages auf die Gipfel des Nuptse und des Lhotse fiel, zogen wir uns ins Zelt zurück, denn es wurde nun rasch kalt.
Außerdem versuchten wir etwas Ruhe für den Gipfelanstieg am kommenden Tag zu finden.
Um 3.$^{oo}$ Uhr in der Frühe wollten wir aufbrechen.
Aber es wurde eine kurze und grässliche Nacht für mich. Bohrende Kopfschmerzen und die bekannte Atemnot in der großen Höhe machten mir zu schaffen.
Im Wachzustand hat man das Problem ja noch im Griff und man kann bewusst gegensteuern. Sobald man aber einschlummert, macht es sich tückischerweise höchst unangenehm durch Erstickungsangst bemerkbar. Sofort ist man wieder hellwach und japst nach Luft wie ein Fisch auf dem Trockenen.
Mit dem Mini-Disc-Player versuchte ich mich daher wach zu halten, um die klaustrophobischen Anwandlungen bekämpfen zu können. Dabei fand ich natürlich keinen ruhigen Tiefschlaf, wenn es den überhaupt in diesen Höhen gibt, und demzufolge auch keine Erholung.

Und da kamen sie auch, die bösen Berggeister der nagenden Selbstzweifel:
„ Idiot, warum tust du dir das an??
Du weißt doch, wie das ist in großer Höhe, lernst du nie aus? Woher willst du morgen die Kraft für den Aufstieg nehmen?
Den Gipfel erreichst du so nie!
Wie wirst du das alles denen erklären, die dich auf dem Gipfel sehen wollten!?
Man wird dich auslachen – du wirst schon sehen!"
Quälend war das, und ich fand nicht die Energie, diese Nachtgeister zu verscheuchen.

Donnerstag, 12. Oktober

# Lobuje Peak

Kurz vor 3.⁰⁰ Uhr war die unangenehme Nacht zu Ende.
Nawang hatte den überflüssigen Versuch gemacht uns zu wecken.
Ich war längst wach und knipste die Batterieleuchte an, die ich im
Zeltgestänge befestigt hatte.
Endlich Bewegung und Aktion, damit wurden die schwarzen Gedan-
ken am besten vertrieben.
Zuerst musste die Kleidung für den Aufstieg übergezogen werden.
Keinesfalls durfte man sich zu dick einpacken, denn das würde be-
deuten, dass man nach 10 – 15 Minuten im Steilaufstieg überhitzte.
Andererseits musste man immer Wetterkapriolen in seine Überle-
gungen einbeziehen. Temperaturstürze in großer Höhe und nicht
angemessene Kleidung können eine verhängnisvolle Kombination
eingehen...
Das Anziehen der schweren Bergschuhe ließ mich fast verzweifeln.
Ich hatte die Innenschuhe in der Nacht aus dem Schlafsack entfernt,
wo sie eigentlich hätten besser bleiben sollen. Nun waren sie eiskalt.
Das Hineinschlüpfen und Zuschnüren war bereits eine Tätigkeit, die
mir den Puls hochtrieb und mich wie ein Schwerarbeiter keuchen
ließ.
„Mein Gott, Jeni, ich bin ja jetzt schon kaputt", stöhnte ich.
„Erzähl mir nichts, du wolltest es so", war Jenis entwaffnende Antwort. Mich beruhigte nur, dass er ebenfalls seine liebe Mühe und Not
mit der Ankleideprozedur hatte.
Der Versuch, die Überschuhe in gebückter Haltung im Zelt anzuziehen, war zum Scheitern verurteilt. Ich konnte so nicht die Kraft auf-
bringen, in die starren Kunststoffschalen zu kommen. Erst in aufre-
chter Stellung vor dem Zelteingang gelang mir das Vorhaben. Die
Anstrengungen blieben nicht ohne Folgen. Als ich mich nach dem
Schnüren der Schuhe aufrichtete tanzten tausende rote Sternchen vor
meinen Augen. Instinktiv trat ich von der gefährlichen Abbruch-

107

kante weg, an die unser Zelt grenzte. Das würde noch fehlen: Beim Anziehen der Schuhe in den schwarzen Felskessel der Ostwand zu stürzen !

## *Jeni:*

*Gipfeltag.*
*Heute, um 3.³⁰ Uhr nachts beginnt der Tag, auf den wir monatelang unser Training, unsere ganzen Gedanken ausgerichtet hatten. Jetzt ist der Zeitpunkt, auf den wir hingefiebert haben, jetzt gilt es!!!*
*Es nicht zu schaffen, wäre sicher schon eine große Enttäuschung. Schlimmer aber wäre es umzukehren und später sagen zu müssen: Du hättest es schaffen können.*
*Andererseits ist es immer eine Gratwanderung: Gibst du zu früh auf, verfolgt dich der Frust. Gibst du zu spät auf, brauchst du dir um nichts mehr Sorgen zu machen.*
*Solche Gedanken kreisen durch den Kopf, während wir ungeschickt versuchen, uns aus dem Schlafsack herauszuschälen, die dicke Kleidung und vor allem die dicken Bergschuhe anzuziehen. Da die Überschuhe draußen, die Innenschuhe aber im Schlafsack waren, sind wenigstens die Füße warm, als endlich die ersten tapsigen Schritte aus dem Zelt heraus im Schein der Stirnlampe gewagt werden...*
*Die Ausrüstung:*
*Seidensocken und die wärmsten Strümpfe, die ich kaufen konnte. Eine Odlounterhose und die rote Hose meines Skianzuges aus Burgeis. Dünnes Helly Hansen T-Shirt, Odlopullover, Daunenjacke, Überjacke, wind- und wasserdicht. Lowe-Mütze und Gletscherbrille.*
*Es gibt dampfenden Tee und eine ziemlich versalzene Suppe im Stehen. Der Kreislauf muß erst anfahren, die Zeit bis zum Aufbruch vergeht zäh, Zweifel kommen auf...*

Der untergehende Mond beleuchtete fahl eine dunkle Wolkendecke am Himmel. Ausgerechnet am Gipfeltag ! Vor dem Küchenzelt leuchtete die blaue- gelbe Flamme des Kerosinbrenners. Sonst war in der Dunkelheit kaum etwas zu erkennen. Ich knipste meine Stirnlampe an und tastete mich hinüber zu den Sherpas.

Frierend standen wir in der eisigen Luft und warteten darauf, dass die Sherpas mit ihren Vorbereitungen fertig wurden.

Im Stehen aß ich eine Schale Nudelsuppe. Daheim wäre mir das um diese Uhrzeit unmöglich. Auf Expeditionen in großer Höhe kann ich nur Derartiges zu mir nehmen. Vor dem Müsli, das mir angeboten wurde, hatte ich einen regelrechten Widerwillen.

Dann füllte ich noch eine Trinkflasche mit heißem Tee und verpakkte sie in einer Thermohülle im Rucksack.

Hoffentlich hatte ich diesmal nicht wieder dieses Pech wie beim Aufstieg zum Chopicalqui, einem Sechstausender in der Cordillera Blanca in Peru, als mir der Inhalt beider Trinkflaschen eingefroren war!

Nach und nach versammelten sich auch die Schweden beim Küchenzelt und stärkten sich im Schein ihrer Stirnlampen mit einem sehr zeitigen Frühstück.

Um Viertel nach Drei Uhr begannen wir unseren Aufstieg. Zunächst ging es eine Weile über unangenehm wackeliges, glattgeschliffenes Blockwerk. Jeder Schritt musste im Schein der Stirnlampe sorgsam gesetzt werden – kleine Balanceakte mussten da hin und wieder in der Dunkelheit austariert werden.

Mir fiel auf, dass Nawang gar keine Stirnlampe besaß. Er schien sich wie eine Fledermaus zu orientieren.

Besonders beruhigend fand ich das nicht. Aber noch gingen wir ja seilfrei.

Pasang Tamang, der gute Junge, wollte uns unbedingt ein Stück begleiten. Dann bedeutete er mir, er wolle meinen Rucksack tragen! Schließlich ließ ich ihm seinen Willen. Freudig hängte er sich die Last über und stieg weiter. Er war stolz, nun für eine Weile Hochträger sein zu dürfen. Ein Hochträger in Turnschuhen!

Wie er sich mit dem unzureichenden Schuhwerk in diesem Gelände bewegte, nötigte mir allen Respekt ab.

Übergangslos führte der Anstieg nun in glatte, von Wassereis überzogene Platten. Nun wurde es doch ernstlich gefährlich für Pasang Tamang, und ich machte mir ernsthafte Sorgen um seine Sicherheit.

Aber nach etwa 50 Metern tauchten die ersten Firnrinnen auf, und wir mussten die Steigeisen anlegen.
Hier war der Aufstieg für Pasang nun endgültig zu Ende. Er gab mir meinen Rucksack wieder, und mit einem herzlichen Dank wurde er entlassen. Langsam verschwand er in der Dunkelheit unter uns.
Das Gelände steilte sich noch weiter auf, und es sollte bis zum Gipfel immer steil bleiben. Keine Chance, in flacheren Zonen etwas Erholung zu bekommen.
Ich musste nun sehr aufpassen, dass mein Puls nicht zu sehr hochschnellte. Die Kraft, die man gedankenlos in dieser Phase des Aufstiegs vergeudet, würde man nicht mehr ersetzen können.
Wie Millionen kleiner Diamanten leuchteten die Firnkristalle im Lichtkegel der Stirnlampe kurz auf und erloschen wieder. Mit jedem Schritt wiederholte sich das kleine Schauspiel.
Schwer ging der Atem, ich hatte das Gefühl, in einer dunklen Röhre aufwärts zu steigen. Tunnelblick, der Kopf schien leer zu sein. Einen Gedanken auf den Weg zu bringen, war zuviel Arbeit. Daher ließ ich es besser.

## Jeni:

*Es ist nach wie vor dunkel, der Himmel stark bewölkt – ausgerechnet am Gipfeltag verlässt uns unser Wetterglück.*
*Irgendwann beginnen die ersten Eis- und Schneefelder. Aber es bleibt noch lange gemischtes Gelände mit schwierigen Felspassagen. Blaue Funken stieben manchmal auf, wenn die Steigeisen über den glatten Fels kratzen. Bestimmte Stellen erfordern alle Konzentration – ein Fehler wäre verhängnisvoll, zumal wir ohne Seilsicherung klettern.*
*Langsam verschwinden die Felsen, wir sind nur noch von Eis und Schnee umgehen. Zum Glück sind die Verhältnisse gut: Harter Firn, Steigeisen und Pickel greifen gut. Ist aber auch nötig. Die Steilheit ist schon frappierend. In Peru hatten wir einige solche Stellen – aber am Fixseil. Hier aber haben wir fast durchgehend solch steile Passagen ohne jede Sicherung.*

*Ich fotografiere, so oft es geht. Manchmal knipse ich, ohne durch den Sucher zu schauen – festhalten mit der anderen Hand ist angesagt. Endlich kommen wir – kurzfristig – in nicht ganz so steiles Gelände. Dafür geht es aber nach rechts herunter und nach etwa 20m ganz hinunter nach Lobuche... Ein Abrutschen hier wäre tödlich. Wir machen Rast an dieser unangenehmen Stelle, weil hier das Fixseil beginnen soll.*

*Es muß aber erst gelegt werden. Dazu muß es erst entkrangelt werden... es ist verknotet. Nawang und der andere „Bergführer" versuchen, den gordischen Knoten zu lösen – vergeblich.*

*Nach einer langen Zeit, vielleicht 45 Minuten, muß das Messer herhalten, um das Seil zu entwirren. Erst dann geht es langsam weiter.*

*Der Weg ist unendlich lang, er erfordert alle Kräfte und Reserven.*

*Immer wieder glaubt man, das Steilste hinter sich zu haben, doch dann türmt sich die nächste Steilpassage auf...*

Ganz unspektakulär begann der neue Tag. Wegen der Bewölkung gab es leider kein schönes Morgenlicht.

Ein bedauerlicher Umstand für mich. Ich hätte gern fotografiert. Andererseits war ich froh, die Kamera nicht aus dem Rucksack kramen und einstellen zu müssen. Ich hätte es als erhebliche Anstrengung empfunden.

Die Steilheit des Firnhanges zwang mich, den Kopf weit in den Nakken zu legen, als ich sehen wollte, wie weit unsere Leute schon waren.

Da oben hantierte einer der Sherpas aus der Schwedengruppe mit einem Seilknäuel, und wir mussten eine ganze Weile warten, bis die Seile endlich entwirrt waren.

Eine willkommene Zwangspause, um den Puls wieder etwas zu beruhigen. Allerdings fror man bald wegen des Bewegungsmangels – das war der Nachteil.

Alles vermeintlich Positive hatte hier oben auch eine Kehrseite!

Da der Hang nun immer steiler wurde, mussten Fixseile installiert werden. Nun hieß es in folgendem Rhythmus zu klettern: Jümar* aufschieben – Hochsteigen – Pickel einrammen – Jümar nachziehen und höherschieben – nächster Schritt.

Erholung gab es nur an den Fixierstellen der Seile, wo der Jümar umgehängt werden musste.

Für jede dieser Stellen war ich nun dankbar und fürchtete um meine Kraftreserven. Die letzte Nacht hatte mich mehr ausgezehrt als mir lieb sein konnte!

Ein Fixseil war mit einer lächerlich dünnen Reepschnur mit einem Eisanker verbunden worden. Jeni war erbost wegen dieser Nachlässigkeit der Sherpas und brachte den Fehler in Ordnung. Er schien Nawang Vorwürfe zu machen, denn der Sirdar reagierte etwas verlegen und hilflos. Das Schnürchen hätte uns wohl kaum bei einem Sturz aufhalten können.

Merkwürdigerweise berührte mich das gar nicht sonderlich. Ich registrierte den Fehler der Sherpas zwar, sah aber keine Veranlassung, in irgendeiner Weise zu intervenieren. Es hätte Gedankenarbeit erfordert, und dazu war mein Hirn jetzt nicht in der Lage.

Nawang machte mir Mut: „ It's not far!“, der Weg ist nicht mehr weit!

Am letzten Steilstück, das auf den Gipfelkamm führte, musste ich nach jedem zweiten Schritt des Höhertretens ausrasten. Mein Atem flog dann nur noch, wenn ich versuchte, auf den Pickel gestützt , etwas Erholung zu finden. Längst war mir der Sinn dessen, was ich hier überhaupt tat, abhanden gekommen. Mein Körper arbeitete nur noch mechanisch. Heute war ich an die Grenze meiner persönlichen Leistungsfähigkeit gegangen.

Ein merkwürdiges physisches Erlebnis.

Der Gipfel !

Endlich war er erreicht! Ruhe für die brennenden Beinmuskeln, für die Arme, den schmerzenden Rücken....

Aber Jeni hörte ich von irgendwoher sagen: „Das ist der „*False Gipfel*“, wir müssen noch höher steigen!“

Ernüchternder konnte keine Erklärung sein!

War das kein Gipfel? Es ging doch nach allen Seiten steil hinunter!

Aber nein, dort drüben zog sich ein spektakulär überwächteter Grat in die Höhe! In elegant geschwungenen Bogen kragten die Wächten

---

* Sicherungsgerät für den Aufstieg im Steilgelände am Fixseil

viele Meter weit ins Freie hinaus.

Was bedeutete das für uns? Mühsam überlegte ich. Und plötzlich stellte ich mit einiger Verwunderung Wahrnehmungsverzerrungen bei mir fest. Alles um mich her schien in Watte verpackt oder in einen dichten Nebel gehüllt zu sein. Obwohl ich klar sehen konnte, registrierte ich alles was dort oben gesprochen wurde mit einer Verzögerung von einigen Sekunden. Es war wie das Phänomen, das manchmal bei Fernsehübertragungen aus anderen Kontinenten auftritt: Der Ton hinkte dem Bild auf unsynchrone Weise hinterher.

Alle Erörterungen, die Nawang und Jeni anstellten, schienen mir völlig belanglos. Es ging wohl um das Seil.

Nawang hatte zu wenig Seil dabei. Und mühsam brach sich der Gedanke Bahn, dass ein Weitersteigen auf diesem überwächteten Grat lebensgefährlich sein könnte.

Richtig bewusst wurde mir diese Tatsache jedoch erst, als sich die Gruppe der Schweden mit ihrem Sherpa in ein (!!) Seil einbanden und sich anschickten, über den Grat aufwärts zu steigen.

Einige Lebenmüde waren da offensichtlich dabei, ihr Glück herauszufordern! Schnell waren sie hinter dem Grataufschwung verschwunden. Wir drei waren allein geblieben. Die Seilschaft blieb unsichtbar.

Später sollten wir erfahren, dass der Sherpa, der als Seilletzter ging, tatsächlich über den Wächtengrat getreten war aber noch gehalten werden konnte.

Man hatte das Glück herausgefordert! Gott sei Dank war es nicht zur Katastrophe gekommen! Es sind aber immer wieder die gleichen Fehler, die das Unheil geradezu heraufbeschwören.

*Jeni:*

*Endlich ist der letzte supersteile Hang, zum Teil auf allen Vieren, immer von Pausen unterbrochen, keuchend und nach Sauerstoff japsend, geschafft.*

113

*Wir sind auf dem ersten der vier Gipfel des Lobuje Peak.*
*Geschafft !!*
*Zum nächsten, etwas höheren Gipfel, sind es vielleicht nur zehn Min-*
*uten, aber nur Deppen könnten es wagen, diese paar Meter ohne Seil*
*zu gehen. Es geht nämlich über einen sehr ausgesetzten Wächten-*
*grat, bei dem man nicht wissen kann, wie viel er hält.*
*Ein Fixseil würde helfen, es gibt aber keines mehr !*
*Die Schweden und ihr Sirdar haben offensichtlich zu wenig Sauer-*
*stoff im Hirn. Sie machen den Uraltfehler, der zahllose Seilschaften*
*schon das Leben gekostet hat: Fünf an einem Seil im Gänsemarsch*
*über die Wächte...*
*Der Sirdar stürzt, kann sich mit dem Pickel noch etwas halten, die*
*anderen zerren am Seil, gerettet !*
*Auf allen Vieren kommen sie im Zeitlupentempo zurück – aber sie*
*waren auf dem zweiten Gipfel ...*

---

Ich erinnere mich, dass ich die Fotokamera aus dem Rucksack kramte und einige Aufnahmen machte:
Jeni auf dem Gipfel, Nawang, dann wies ich Nawang ein, Jeni und
mich zu fotografieren – das obligatorische Gipfelfoto.
Dann beobachtete ich Jeni, der sich auf diesen heiklen Grat zu be-
wegte. Riskierte er einen Alleingang?
Er hatte mir etwas erklärt, aber ich war durch die Fotografiererei so
sehr in Anspruch genommen, dass seine Worte zwar mein Ohr er-
reichten, dort aber gewissermaßen im Wartezimmer saßen und auf
den Eingang in mein Bewusstsein harrten. Dann hatte ich diesen
Umstand aber sicherlich vergessen.
Ich würde nie mehr wissen, was er mir dort oben erklärt hatte.
Nun saß Jeni allein auf einem der Gipfelhöcker, neben ihm brach die
Wand bis zum Gletscher tausend Meter tief ab.
Es war ein prächtiges Fotomotiv, und ich stellte das Objektiv meiner

Kamera auf ihn scharf. Ich hoffte, in diesem benebelten Zustand alles richtig eingestellt zu haben. Es wäre zu schade gewesen, wenn ich das Foto vergebens geschossen hätte!

Mühsam fügte ich die Bruchstücke dessen zusammen, was ich von der Beratschlagung zwischen Jeni und Nawang verstanden hatte. Wir hatten zu wenig Seil! Nawang musste sich verschätzt haben. Daher konnten wir den Grat nicht versichern, und in Seilschaft dort hinüber zu balancieren, käme einem Seiltänzerkunststück gleich. Das kam für uns nicht in Frage.

Auf diese Scheinsicherheit hatten wir uns noch nie eingelassen. Das war zwischen Jeni und mir eine abgesprochene Regel.

Ich empfand diesen Zustand des „Neben mir Stehens" als zunehmend unangenehm. Ich fühlte mich auf diesem Gipfel wie in einer Mausefalle.

Nawang wollte warten , bis die Schweden wieder zurück kämen, um dann von ihnen Seil zu bekommen.

Mit dem kurzen Seilstück, das Nawang mit sich führte, konnten wir noch nicht einmal die Fixseile unter uns erreichen.

Ein Gedanke tauchte plötzlich in aller Klarheit in meinem wattierten Hirn auf:

„Du musst zusehen, dass Du schleunigst von diesem Berg kommst, sonst riskierst Du am Ende noch ein Ödem!"

Ich packte die Kamera ein und machte Nawang und Jeni klar, dass es keinen Sinn mehr machte, auf die Schweden zu warten.

Nawang versuchte einen Sicherungsknoten hinzukriegen – es gelang ihm wohl nicht, denn er sicherte mich  im Stil der Pionierzeit über die Schulter ohne jede Eigensicherung.

Der Sherpa war eindeutig überfordert. Langsam kletterte ich, das Gesicht zur steilen Firnwand, in aller Vorsicht ab. Ich konnte mir nicht den kleinsten Fehler erlauben, denn Nawangs  Sicherung war gar keine.

Sollte ich stürzen, würde er mich ganz sicher auf meinem  1000-Meter-Flug die Ostwand hinunter begleiten. Mein Pickel und meine Steigeisen waren meine Lebensversicherung. Nur ihnen durfte ich auf den Abstiegsmetern trauen.

Das Adrenalin tat offensichtlich seine Wirkung, denn ich bewegte mich zielstrebig nach unten und hatte bald den Beginn der Fixseilstrecke erreicht.

Das halsbrecherische Abketterunternehmen hatte zum Glück ein Ende.

Rasch band ich mich aus dem Seil aus, klinkte meinen „Shunt", ein Sicherungsgerät, ins Fixseil und ließ mich in die Tiefe gleiten.
Ich glaube, schneller war ich noch nie von einem Berg abgestiegen.
Erst jetzt wurden mir Steilheit und Länge der Aufstiegsstrecke so richtig bewusst. Das war kein einfacher Berg, den man so nebenbei mitnehmen konnte!
Es war wohl der schwerste Berg meiner Zeit als Höhenbergsteiger.

Schon bald waren Jeni und Nawang aus meinem Blickfeld verschwunden. Ich war allein in der weiten Flanke, deren Firn nun merklich weicher wurde, denn die Sonne hatte die Wolkendecke des frühen Morgens verdrängt.
Als ich das Ende der Fixseilstrecke erreicht hatte, löste ich den „Shunt" vom Seil, verstaute ihn mit dem Klettergurt im Rucksack und brachte stattdessen die Teleskopstöcke auf die richtige Länge.
Sie waren meine Sicherung für den letzten Teil des Abstiegs über die Felsplatten und das Blockfeld.

## *Jeni:*

*Der Abstieg wird zur Hölle.*
*Horst, dem es nicht gut ging, wurde als erster abgelassen / gesichert.*
*Von Sicherung hatte unser Freund Nawang keine Ahnung, wie auch beim Aufstieg das Fixseil mit Schnürchen befestigt wurde, die mich veranlassten, meine Reepschnurvorräte zu opfern.*
*Das nächste Fixseil ist noch weit entfernt, und der Abstieg vollzieht sich quälend langsam und mühselig.*
*Endlich ist das Fixseil erreicht, und nun wird es noch mühsamer.*
*Während Horst mit seinem Shunt blitzschnell in die Tiefe enteilt, mühe ich mich mit einer Reepschnur, die sich immer wieder festbeißt, als Prusiksicherung.*
*Immer mit dem Gesicht zum Berg, weil es so steil ist, Meter für Meter.*

*Ein Sturz – die Sicherung hält ! Der Schnee wird weich, alles wird rutschig, das rechte Knie streikt, die Kräfte schwinden, ich bin auch völlig allein.*

*Aber wie das so ist – irgendwann ist auch diese Qual vorbei, ich komme in felsiges Gelände, in dem Horst, wie ich später erfahre gestürzt ist und sich das Knie verletzt hat.*

*Zeitweise denke ich – bei den riesigen Entfernungen kein Wunder – in einem falschen Tal zu landen und bereite mich trotz aller Erschöpfung auf eine Wanderung zum Basislager aus der falschen Richtung heraus vor.*

*Glücklicherweise sehe ich dann aber doch unsere Zelte und raste.*

*Dann kommt Nawang und gemeinsam gehen wir den Rest bis zum Hochlager.*

*Dort einige Minuten Rast, umziehen und todmüde weiter absteigen und klettern bis ins Basislager.*

*Viel müder kann man wahrscheinlich nicht sein, aber wir haben es geschafft und beginnen langsam ein unendliches Gefühl der Freude und Erleichterung zu verspüren.*

*Essen, trinken, ein bisschen Musik hören und dann in den Schlafsack!*

*Diese Nacht schlafen wir wirklich gut.*

---

Für einen Moment hatte ich Orientierungsprobleme, da ich den gelben Punkt unseres Hochlagerzeltes noch nicht sehen konnte. Instinktiv entschied ich mich aber für die richtige Route, wie sich später herausstellen sollte.

Nach und nach wurde mein Kopf klarer und ich beschloss, bei einer etwas ebeneren Stelle die Steigeisen von den Bergstiefeln zu nehmen.

In diesem Augenblick passierte das Malheur. Mit einem Zacken des linken Steigeisens blieb ich irgendwo im abschüssigen Blockgelände hängen, verlor das Gleichgewicht und setzte zu einem Flug, Kopf voran, an.

Wie in einer Zeitlupenaufnahme sah ich, wie sich mir die Steine näherten.

„Nun bist du fast von diesem Berg, hast den Abstieg fast geschafft und zertrümmerst dir hier die Knochen!"

Ein innerer Beobachter betrachtete sich die Szene genau und teilte mir in dieser Sekunde seine Kommentare mit:

„Du wirst dir bestimmt den Schädel aufschlagen oder das Knie... Eine Blutung wirst du nicht stoppen können, Verbandsmaterial hast du nicht dabei, das hast du im Seesack gelassen, als ob dieses Gewicht noch entscheidend gewesen wäre! Was ist, wenn du dir einen Knochen brichst, dann wirst du lange warten können!"

Ich weiß nicht mehr, was ich da noch so zu hören bekam. Aber aus der erwarteten Bauchlandung wurde ein Überschlag. Wild tanzten der blaue Himmel, Gesteinsbrocken und der strahlend weiße Gipfel des Lobuje Peak an meinen Augen vorbei und – plötzlich war alle Bewegung zum Stillstand gekommen.

Allein diese Tatsache machte mich schon froh, sah ich mich doch schon in einer endlosen Reihe von Überschlägen auf einer Reise ins tiefe Ungewisse.

Noch verspürte ich keinen Schmerz. Auch das machte mir Mut, und ich rappelte mich vorsichtig auf. Dann tastete ich über mein Gesicht, aber da gab es keine Beulen oder Platzwunden! Wie durch ein Wunder hatte ich mir den Kopf nicht aufgeschlagen.

Das Glück war bei diesem Sturz auf meiner Seite gewesen: Nur eine Schramme an der linken Hand, ein zerrissenes Hosenbein meiner so bequemen Trekkinghose und ein schmerzhaft geprelltes Knie waren die Folgen.

Nach dieser Bestandsaufnahme sortierte ich mich wieder und zog nun , wie vorgesehen, die Steigeisen aus.

Danach stützte ich mich auf die Teleskopstöcke und setzte langsam meinen Abstieg fort. Ich hoffte, die Bewegung würde den Schmerz vertreiben, der sich nun doch im Knie gemeldet hatte. Die Wirkung des Adrenalins hatte nachgelassen.

Nun erblickte ich auch tief unten unser gelbes Hochlagerzelt und war beruhigt, die richtige Abstiegsroute gewählt zu haben. Und da, ich konnte es kaum glauben, schälte sich eine Gestalt aus dem Blockwerk unter mir.

Beim Näherkommen erkannte ich Pasang Tamang! Der gute Junge war vom Hochlager aus aufgestiegen, um mir wieder den Rucksack abnehmen zu können.

Ich war gerührt und froh über diese Opferbereitschaft des Sherpas. Gemeinsam stiegen wir weiter ins Hochlager ab.

Ich öffnete das Zelt, warf den Rucksack als Kopfkissen auf die Isomatte und legte mich erschöpft hin.

Pasang brachte mir zwei Becher hot lemon, und ich trank in kleinen Schlucken. Danach fühlte ich mich völlig gesättigt.

Dann lag ich lange auf dem Rücken, starrte zur Zeltplane, die im Sonnenlicht hell leuchtete, und überließ mich den Bildern der vergangenen Stunden, die zusammenhanglos an mir vorüberzogen.

Was war das nur für ein seltsamer Zustand, der mich dort oben in der Gipfelzone im Griff hatte? Es wird wohl für immer rätselhaft für mich bleiben.

Viele solcher Gedanken gingen mir durch den Kopf, bis Jeni auch da war. Auch er brauchte seine Zeit des Ausruhens, und so lagen wir lange wortlos nebeneinander, jeder in seine eigene Gedankenwelt versunken. Schließlich begannen wir, uns gegenseitig zu berichten, welche Erfahrungen wir heute gemacht hatten.

Auch für Jeni hatte es während des Abstiegs kritische Augenblicke gegeben.

„ Das war der schwerste Berg, den wir bis jetzt gemacht haben", fasste er zusammen.

Schließlich erhoben wir uns, packten unsere Utensilien in die Rucksäcke und stiegen durch den Felskessel der Südostwand wieder hinunter ins Basislager.

Unterwegs überholten uns die Sherpas mit der Hochlagerausrüstung. Wie immer waren sie fröhlich, sangen und pfiffen ihre Freude heraus.

Sie erteilten uns wieder einmal eine Lektion in der Einstellung zum Dasein.

Aber ich war für solche Freudenausbrüche einfach zu müde! Meine Energiereserven brauchte ich noch zum Abstieg durch diesen Felskessel.

Als wir im Basislager an unserem lieblichen See eintrafen, standen die Zelte schon, und wir wurden mit heißem Tee begrüßt.

Nach und nach fiel die Spannung ab, die mit eigentlich jedem Gipfelaufstieg einhergeht. Wir saßen vor dem Zelt, feierten mit Keksen, Schokolade und Tee den Aufstieg, und ich nahm noch einmal bewusst das herrliche Panorama auf, das uns umgab.

Es waren die letzten Stunden im Basislager, morgen würden wir den

Rückmarsch antreten. Wehmütige Gedanken beschlichen mich, der
Abschied von diesem Winkel des Himalayas fiel mir schwer.

---

„...there, where the air is free,
we'll be, what we want to be...
we'll find our promised land..."

The Pet Shop Boys

---

Freitag, 13. Oktober

# Gegen den Strom

An diesem Morgen begann unmittelbar nach dem Frühstück und der üblichen Katzenwäsche das große Packen.
Und wieder war eine kleine logistische Leistung zu vollbringen, um in den beiden Seesäcken eine gewisse Ordnung herzustellen. Jedes Ausrüstungsstück hatte auf dieser Expedition eine Bedeutung. Es war zu überlegen, was man wo in welcher Reihenfolge gebrauchen würde, um nicht jedes Mal ein Chaos in den Seesäcken anzurichten, wenn man etwas suchte.
Die Sherpas richteten die Tragsättel für die Yaks und trieben die Tiere dann zusammen. Zu zweit mussten die Yaks beladen werden, denn die eigensinnigen Zotteltiere sträubten sich anfangs gegen das Aufbürden der Lasten. Sie wussten genau, dass es nun hieß, vom erholsamen, ruhigen Leben am See Abschied zu nehmen.
Ich konnte sie gut verstehen. Auch der Rückmarsch würde beschwerlich werden. Es ging ja keineswegs nur talwärts, immer wieder würden uns auch erhebliche Aufstiegsstrecken erwarten.
Unserem Koch Pasang ging es schlecht. Er klagte über heftige Kopfschmerzen und Übelkeit. Die Höhe machte ihm offensichtlich zu schaffen. Der ruhige, bescheidene Mann litt, man sah es ihm an.
Wir versorgten ihn mit Medikamenten und hofften auf die positive Wirkung des Abstiegs in niedrigere Zonen.
Jeni und ich schulterten die Rucksäcke und machten uns auf den Weg. Die Sherpas hatten noch zu tun, wir würden sie wohl erst wieder am Abend in Tengboche treffen.
Warmer Sonnenschein lag auf der Herbstlandschaft, als wir das Seitental hinauswanderten, um auf den Everesttrek zu treffen, dem wir, wie auf dem Anmarsch, folgen wollten.
Die Tümpel und Rinnsale im Talgrund waren noch von einer silbernen Eisschicht bedeckt und warfen die Sonnenstrahlen tausendfach gebrochen zurück. Eine wunderbare Stille lag über der Land-

schaft, und wir blieben häufig stehen und blickten zurück zum Lobuje Peak.

Wie ein schwarzer Keil ragte die Ostwand in den klaren Himmel,
blendend weiß glänzten die Firnfelder, über die wir aufgestiegen
waren, und die drei Gipfelhöcker.

Imposant wirkte der Berg aus dieser Perspektive.

Wir machten Fotoaufnahmen, suchten unsere Aufstiegslinie und
verabschiedeten uns von „unserem" Berg.

Nach einer kurzen Steigung und einer folgenden Linksbiegung
mündete unser Pfad in den Everesttrek.

Schlagartig war es vorbei mit der wohltuenden Ruhe!

Ganze Heerscharen von Trekkern und Yakkarawanen fluteten uns
wie eine Welle entgegen. Die Saison hatte uns nun erreicht, und wir
marschierten gegen den Strom!

Ich fühlte mich zeitweise wie in einem Ameisenhaufen!

Es war interessant die Gestalten und Gesichter zu studieren, die uns
da begegneten.. Ein kunterbuntes Vielvölkergemisch.

Menschen, die in freudiger Erregung den Bildern entgegenfieberten,
die sie zu sehen erwarteten. Andere, die sich schon zu dieser frühen
Stunde überfordert hatten und mit teils hochroten, teils kreideblei-
chen Gesichtern mühsam vorwärts schlichen.

Es waren, nach unseren schönen Tagen im Basislager, abschrek-
kende Eindrücke! Andererseits fühlten wir uns all diesen Leuten
überlegen. Wir waren nun bestens akklimatisiert, die Höhe konnte
uns keine Probleme mehr bereiten.

In Pheriche schaute Jeni noch einmal in der ärztlichen Notstation
vorbei und bekam zur Sicherheit noch ein paar Tabletten mit auf den
Weg. Im Abstieg konnten wir Pheriche heute überspringen, mussten
keine Zwischenrast wie beim Aufstieg einlegen.

Wir wanderten zwei Stunden weiter und machten im Hof einer vor
Schmutz starrenden Lodge Mittagsrast.

Im Sonnenschein saßen wir auf der niedrigen Hofmauer zwischen
getrockneten Yakdungfladen und verspeisten lustlos unser Lunch.
Völlig unbeeindruckt von uns stöberten große Rabenvögel im Abfall
des Hofes herum und versuchten auch von den Tschapattis zu stehlen. Halbnackte, verdreckte Kinder musterten uns neugierig. Das
Wasser im Zinkbottich, in dem unsere Trinkbecher ausgespült
wurden, war eine schmutzige, schwarze Brühe. Angesichts dieser
Umstände nahm ich doch lieber wieder eine Tannacomp – Kapsel

ein. Eine Prophylaxe gegen die gefürchteten bakteriellen Infektionen.

Lange hielten wir uns hier nicht auf und verließen bald den schmutzigen Ort.

Am Nachmittag tauchten wir dann in das Grün der Waldregion ein und gegen 17.$^{00}$ Uhr trafen wir beim Kloster Tengboche ein.

Wir trauten unseren Augen nicht! Wer saß dort in zwei weißen Plastikstühlen vor der kleinen Lodge?

Peter und Arron, unsere schottischen Freunde! Es gab ein freudiges Wiedersehen, und wir hatten uns natürlich gegenseitig viel zu erzählen.

Draußen auf dem Gelände um das Kloster war fast jeder Flecken Boden mit Zelten zugestellt. Ein Lärmen und Treiben wie auf einem Weinfest zu vorgerückter Stunde zuhause in Rheinhessen!

Viele Deutsche und Amerikaner in weltmännischen Posen. Sie beherrschten den Platz wie Kolonialherren.

Es war eine unschöne Atmosphäre, und ich freute mich schon auf den Tag, an dem ich nicht mehr gezwungen war, in schmutzigen Plumpsklos die Exkremente solcher Leute ansehen zu müssen!

## *Jeni:*

*In Tengboche treffen wir erfreulicherweise unseren schottischen Freund Peter mit seinem Sohn Arron wieder.*

*Bei ihnen hat alles geklappt. Es gibt viel zu erzählen in dem kleinen Gastraum, in dem wir bei bulliger Kaminwärme sitzen und von unserer Küchenmannschaft wie immer bestens versorgt werden.*

*Grausam ist nur der Menschenauflauf – es scheint, als ob nun die halbe Welt, von pickligen Teenies meist amerikanischer Herkunft bis zu Kegelclubs und Altersheimen ins Kloster drängt...*

*Der Rettungshubschrauber fliegt ohnehin ohne Pause – wenn man all diese Kandidaten sieht, könnte es ruhig ein Jumbo sein...*

*Vier Tote gab es in den letzten Tagen, von denen wir wissen. Bei offener Dunkelziffer.*

*Zwei Sherpas und ein Touri gestorben an der Höhenkrankheit, ein Grieche bei der Besteigung des Island Peak ( mit einer Ang Rita Expedition ) vom Berg gefallen.*
*Nawang erzählt uns aber, dass der Grieche nur bis zum Basislager „gebucht" hatte – die Arbeit der Rückführung und Formalitäten hatten sie aber trotzdem.*
*Ins Kloster gehe ich diesmal nicht – was Horst mir erzählt hatte, gab es keinen Anlaß, es ein zweites Mal zu versuchen.*

---

Samstag, 14. Oktober

# Khampas in Namche

W as für ein unangenehmer Aufenthalt in Tengboche!
Unser Zelt war zwischen vielen anderen Nylonbehausungen einge-keilt gewesen, und der allgemeine Lärm draußen, der ein unabläss-iges Hintergrundgeräusch bildete, hatte ein frühes Einschlafen ver-hindert, obwohl wir nach der langen Etappe gestern müde waren.
Um 5.$^{oo}$ Uhr begann wieder der Morgenlärm: Stimmengewirr aus den Nachbarzelten, Reißverschlussratschen der Zelteingänge und das be-ständige Graaa, Graaa der großen Rabenvögel, die auf Futtersuche waren.
Ärgerlich, das Zelt ließ über Nacht Feuchtigkeit nach innen dringen, so dass nun alles nass und klamm war.

Wir trösteten uns damit, dass es die letzte Nacht im Zelt war, und als wir den early-morning-tea gebracht bekamen, freuten wir uns schon auf die feste Behausung bei Nawangs Schwiegereltern in Namche.
Unsere Zeltnachbarn waren Karikaturen! Gesetzte Herren mit Wohlstandsbauch aus dem Ruhrpott oder wer weiß woher, in Outdoor-Verkleidung. Komplettausrüstung - sogar mit passendem Hut und Kinnkordel !
Lächerliche Gestalten mit lächerlichem Verhalten. Ihnen selbst war die Wirkung ihres Auftritts natürlich nicht bewusst.
In der dunklen Lodge servierten die Sherpas uns das Frühstück: Spiegelei und Porridge.
Am anderen Ende des Raumes saß eine junge Japanerin auf der Bank vor den trüben Fenstern am Tisch und wartete - in Haltung und Gebaren so voller Anmut und Grazie - fast würdevoll... Welch ein Kontrast zu der übrigen Gesellschaft, in der sie sich aufhielt!
Auf dem Wege nach Namche konnten wir dann die negativen Seiten des Everest-Treks kennenlernen:
Yakkarawanen ohne Ende, die Staub aufwirbelten. Nawang hatte uns vorgewarnt: Immer zur Bergseite hin ausweichen, sonst konnte es leicht passieren, dass einer der schwarzen Kolosse uns - gewollt oder ungewollt - die steilen Hänge zum Dudh Koshi hinunterbeförderte.
Jedes Mal hieß es dann den Marschrhythmus zu unterbrechen, einen sicheren Stand am Hang suchen und den geräuschvollen Durchzug der Karawane abzuwarten.
Dies war immer mit der typischen Geräuschkulisse verbunden: Hufgetrappel der Yaks, ihr schweres Atmen, ihre Lungen gingen wie Blasebälge, die hellen Pfiffe und Kommandos der Treiber, und das Ganze untermalt vom Gebimmel der Glocken, die die Tiere an roten Schmuckbändern um den Hals trugen.
So lästig die Ausweichmanöver auf Dauer wurden, so faszinierend war doch auch immer wieder ein solcher Durchmarsch einer Karawane.
Eine nicht enden wollende Kette von Trägern mit teilweise doppelten Traglasten und Trekkern, immer wieder Trekkern ergänzte den Verkehr, der uns unentwegt entgegenflutete und den Boden des Bergpfades in eine puderfeine Staubschicht verwandelte.
Erstaunlich, wie viele Amerikaner meist gehobenen Alters uns da entgegenkamen ! Wir fragten uns mit Erstaunen, wie diese Leute die Höhe und all die Strapazen des Treks aushielten.

Die Berge um den Mount Everest waren ein Magnet von ungeheuerer Wirkung. Nach Krakauer und Sandy Pittman war es in den USA wohl „in" den Everest-Trek zu machen!?
Kurz nach der Überquerung des Dudh Koshi stürmten schweißnass und mit roten Köpfen die vier Schweden an uns vorbei, die sich unserem Gipfelaufstieg angeschlossen hatten. Kaum dass sie uns ein kurzes Grußwort zugeworfen hatten, waren sie auch schon vorbeigehetzt. Was in sie gefahren war, würden wir auch nie erfahren.
Was trieb sie zu solcher Eile? Sie würden Lukla heute nie erreichen.
Es gab schon Merkwürdigkeiten auf diesem Trek!


*Jeni:*


*Heute ging es von Tengboche nach Namche.*
*Beim endlos langen Abstieg zum Fluß hinunter kann ich erst ermessen, wie hart der Aufstieg beim Anmarsch war – und das in meinem damaligen Zustand.*
*Jetzt macht der Weg richtig Spaß. Über die Hängebrücke, auf der anderen Seite wieder endlos hoch.*
*Schon drollig, wie beschwingt man jetzt bergauf läuft – da sahen die, die uns auf dem Hinweg begegneten doch ganz anders aus. Am Berg haben wir uns doch eine Superkondition geholt.*
*Ich probiere einmal, mit dem Kopf die Last unserer Träger zu schleppen. Es geht erstaunlicherweise, aber nur ein paar Meter, bis Horst das Bild im Kasten hat. Da sieht man, was unsere treuen Begleiter leisten.*
*Am Wegesrand sind nun überall Stände aufgebaut. Schmuck, Gefäße, Messer, Andenken jeder Art (alles Original Tibet ... in Wahrheit China oder Hongkong, teilweise zumindest ) locken.*
*Wir handeln, lachen, kaufen für unsere Lieben zuhause ein und freuen uns.*
*Irgendwann sind wir schließlich wieder in Namche, und ich höre nicht ungern von unseren lieben Gastgebern, dass ich jetzt wieder ganz anders aussähe, nicht mehr krank.*

*Auch in Namche kaufen wir noch ein, gehen beim deutschen Bäcker etwas essen und Kaffee trinken, treffen zwei deutsche Stewardessen, mit denen wir uns länger und interessant im Cafe unterhalten. Sie sind erst am Beginn ihres Treks, haben aber gemeinsam schon viel gesehen und gemacht.*
*Sie versprechen zu Horsts Vortrag zu kommen – schaun mer mal.*
*Wir besuchen noch den eindrucksvollen Markt der Tibeter, ich kaufe eine sehr schöne Kette direkt vom Hals eines wild aussehenden Tibeters für Jean-Claude.*
*Die Gesichter, das Aussehen der Tibeter lässt Horsts Kamera heißlaufen!*
*Wir gehen trotz allem nicht sehr spät „nach Hause" und schlafen bald.*

---

Gegen Mittag kamen wir in Namche an. Es war Samstag, und der berühmte Tibetermarkt war schon von der Höhe über dem Ort als buntes Gewimmel auf dem großen, freien Platz zu bestaunen.
Aber wie das Hirn doch mittlerweile Eindrücke ausfiltert oder anders gewichtet!
Welche zauberhafte Ausstrahlung hatte der Ort noch vor etlichen Tagen auf dem Anmarsch auf mich ausgeübt.
Nun wirkte alles wohlbekannt. Selbst die Händler vor ihren Läden erkannte ich an ihren Gesichtern und erinnerte mich, mit wem gut zu handeln war.
Während Jeni telefonieren ging, schlenderte ich hinunter zum großen Stupa, wo der Tibetermarkt abgehalten wurde. Das Warensortiment, meist billige chinesische Haushaltswaren oder Kleidung, interessierte mich nicht.
Die ungeheuere Faszination des Marktes ging von den Tibetern aus.

Verwegene Persönlichkeiten des Khampa -Stammes mit ihrem karminroten Kopfschmuck, der als Strähne in das Haar eingeflochten war und der fast schwarz gebrannten Gesichtshaut.
Es waren schöne Männer mit ihren markanten, scharfen Gesichtszügen. Und zu meiner Überraschung entdeckte ich auch eine einzige junge Frau von ausgesprochener natürlicher Schönheit. Sie erreichte fast meine Körpergröße von 1,83m und war damit ungewöhnlich groß im Vergleich mit ihren Stammesgenossen. Ein leichtes Lächeln umspielte ihr ebenmäßiges glattes Gesicht und drückte ein Selbstbewusstsein aus, das sie aus dem Wissen um ihre Wirkung bezog.
Ich fotografierte und geriet bei der Fülle der herrlichen Motive in eine solche Leidenschaft, dass ich mich kaum losreißen konnte.
Dabei musste ich gleichzeitig taktvoll vorgehen, um die Menschen nicht zu stören oder ihre Persönlichkeitssphäre zu verletzen. Ich benutzte daher mein stärkstes Teleobjektiv und fotografierte mit offener Blende. Daheim konnte ich mich dann über ausdrucksstarke Portraits freuen.
Zehn Tage waren diese verwegenen Gestalten von Tibet aus mit ihren Yaks unterwegs gewesen, hatten den Lho La – Pass in 6.ooom überschritten, um hier Handel zu treiben.

Am Nachmittag schlenderte ich durch die Gassen und war gerade dabei einen schönen Pullover für Michael als Mitbringsel zu kaufen, als die junge Verkäuferin plötzlich aus dem kleinen Laden lief:
„The Yaks are comming, tibetian Yaks..!!", rief sie mir begeistert zu und bedeutete mir mit aufgeregtem Winken, ich solle doch kommen und mir das ansehen.
Eine schwerbeladene Yakkarawane zwängte sich durch die engen Gassen und vorbei an den Verkaufsständen hinunter zum Marktplatz.
Es war erstaunlich anzusehen, mit welchem Geschick die Tiere ihre Lasten sogar Treppenstufen hinab trugen.
Der Einzug der Karawane war eine Attraktion!
Das aufgeweckte junge Mädchen erklärte mir hinterher ihre Begeisterung: Sie selbst war Tibeterin, und ihre Eltern lebten noch jenseits der Grenze in Tibet unter der chinesischen Okkupation.
Mit der Karawane kam ein Stück Heimat nach Namche, ihre Aufregung war vor diesem Hintergrund nur zu verstehen.

Helmers deutsche Bäckerei liegt fast am Ende der engen „Hauptstraße", der Einkaufszone für alle möglichen Andenken und Ausrüstungsgegenstände von Namche.
Hier wollten wir nach den Tagen der ungewohnten Kost wieder einmal einen guten Kaffee trinken und ein Stück Käsekuchen essen.
Nur wenige Plätze waren an diesem Nachmittag in dem kleinen Raum frei, der erfüllt war vom Duft des frischen Backwerks und des Kaffees. Am Tisch zweier nett aussehender Trekkerinnen waren noch Plätze frei, und wir fragten freundlich, ob wir den Damen Gesell-schaft leisten durften. Man hieß uns willkommen, und rasch kamen wir ins Gespräch...
Heike und Ines waren aus der Heimat und Lufthansa – Stewardessen auf Nepal – Trip.
Es war schön, in netter Gesellschaft in der Muttersprache zu kommunizieren, und wir verbrachten den Nachmittag in angeregter Unterhaltung. Wir tauschten Episoden vom Everest -Trek aus, und es war teilweise ganz lustig zu erfahren, dass die beiden ähnliche Erfahrungen wie wir gemacht hatten.
Mit der Wärme und Begeisterung, wie die beiden über Nepal und die Sherpas sprachen, zeigten sie, dass sie auch in das Land verliebt waren.
Es war schon ganz schön mutig, wie die beiden blonden Damen ihre Reisepläne umgesetzt hatten.
Heike wohnte in Ingelheim, ganz in unserer Nähe und wir luden die beiden natürlich zu unserer Diaschau ein.
Heike sollte dann tatsächlich die Zeit finden und sah sich die Vorstellung im Bürgerhaus in Mainz - Finthen an.
Es war ein schönes Wiedersehen, das wir auch mit unseren Gefährten der Peru-Expedition „Vadder" und „Bub", wir nannten sie nur bei ihren Spitznamen, erleben konnten.
Als wir in unserem vorläufigen Zuhause bei Nawangs Schwiegereltern ankamen, war es schon fast dunkel.
Nachdem wir Pasang von der Höhenkrankheit kurieren konnten, kam nach dem Dinner Nawang mit einem der Träger, der eine böse Entzündung am Arm vorzeigte. Nawang bat uns, dem Sherpa zu helfen.
Unser Ruf als Medizinmänner eilte uns scheinbar voran.
Wir versorgten ihn, so gut es unsere Reiseapotheke erlaubte , mit Wundsalbe und Antibiotikum. Wir und der arme Träger hatten Glück, der Abszess bildete sich schon am nächsten Tage zurück und die Schmerzen ließen nach. Auch ein kleiner Erfolg der Expedition.

Auf dem Wege nach Namche hatten wir hin und her überlegt, wie wir die Diaschau betiteln könnten.
Schließlich fanden wir folgenden Slogan am treffendsten:

---

## „Bergsteigen auf dem Dach der Welt: über den Everest – Trek zum Lobuje Peak, 6.119 m „

---

Und so wurde die Überblendschau dann auch tatsächlich betitelt und wurde zu einem Erfolg.
Es ist immer wieder schön, kreativ zu sein, eine Schau in eine schlüssige Abfolge zu bringen und Emotionen bei den Zuschauern zu wecken. Das ist eigentlich das Wichtigste dabei, Emotionen freizulegen.
Heike schickte mir nach der Schau eine E – Mail:

*„Lieber Horst,*

*bin wohlbehalten , und immer noch leicht verschnupft , aus newark zurueckgekehrt.*
*Nach einem ausgedehnten mittagsschlaf und einem ebensolchen fruehstueck ( um 16.oo h ) habe ich ines telefonisch den mund waessrig gemacht, welch einen visuellen und auch akustischen hoechstgenuss sie nun leider hat verpassen muessen.*

*Du / ihr habt meine uneingeschraenkte hochachtung, ich bin nachhaltigst absolut restlos beeindruckt.*
*Wirklich !!! Mir fehlen fast die worte – und das will schon was heissen.*
*Also, was kann ich noch mehr sagen als : B R A V O !!!!..."*

Sonntag, 15. Oktober

# Ruhetag in Namche Bazar

$E$s musste gestern Abend gegen 22.$^{oo}$ Uhr gewesen sein. Ich lag im Schlafsack und hörte Musik, als mich Jeni auf den strömenden Regen aufmerksam machte, der draußen niederging.
Was ein Glück, wir hatten ein festes Dach über dem Kopf und brauchten nicht in unserem undichten Zelt ausharren, bis der Regen vorbei war.
Gegen 23.$^{oo}$ Uhr klopfte Nawang an unserer Tür. Es war ein Anruf von daheim für mich. Mary, der ich die Telefonnummer unserer Gastgeber gegeben hatte, war am anderen Ende der Leitung, tausende Kilometer entfernt und dennoch ganz nah. Eine hervorragende Telefonverbindung.
Unsere beiden alten Gastgeber hatten bereits geschlafen, nun saßen sie aufrecht  und verschlafen mit nackten Oberarmen in ihrem einzigen Bett und sahen mir beim Telefonieren zu.

Nawangs Schwiegermutter, das Haar aufgelöst, wollte mir irgendetwas sagen, aber ich verstand sie leider nicht.

Das Ganze war mir natürlich sehr unangenehm, und ich entschuldigte mich am nächsten Morgen für die nächtliche Störung. Die beiden Alten wiegelten aber nur lachend ab.

In Hermann Helmers deutscher Bäckerei tranken wir wieder einen Kaffee und genossen ein Brötchen.

Die Gedanken, stellte ich fest, waren schon heimwärts gerichtet.

Nachmittags schlenderten wir ein letztes Mal durch die engen Gassen von Namche. Das Café Daphne war überfüllt, so dass wir in ein anderes Café gingen. Dort saß eine Gruppe Polen oder Tschechen zusammen, die fleißig Bier tranken und sich in einer unangenehmen Art lautstark unterhielten. Eine ernüchternde Atmosphäre lag über diesem Nachmittag, so ganz anders als gestern, als wir uns so angenehm unterhalten konnten.

Insgeheim hatte ich doch gehofft, der Zufall würde uns heute noch einmal Heike und Ines über den Weg schicken – leider vergebens.

Ich bedauerte diesen Stimmungsabfall – vielleicht lag die tiefere Ursache ja auch darin, dass die Expedition unweigerlich ihrem Ende zuging. Die große Motivation war erschöpft, die unstillbare Neugier befriedigt.

Montag, 16. Oktober

# „Never say good bye...‟

Um 7.$^{00}$ Uhr verabschiedeten wir uns herzlich von unseren Gastgebern und traten den langen Marsch hinunter nach Lukla an. Den
letzten Eindruck von Namche, bevor wir den Ort durch das schön
bemalte Tor verließen, lieferte das Tibeterlager.
In den improvisierten Zelten aus grauen Decken, die über einfachen
Stockkonstruktionen hingen, flackerten die kleinen offenen Feuer-
stellen. Das Ganze nahm sich aus wie ein mittelalterliches Heerlager.
An einer der letzten Lodges war ein Schild quer über unseren Ab-
stiegspfad angebracht:
„Never say Good bye to Khumbu Area‟.
Ein Hinweis, der mir erst Wochen später wieder ins Gedächtnis kam.
Wer einmal diese Landschaft wie wir erleben durfte, wird ihr
schwerlich für immer Lebewohl sagen können.
Nach etwa zwei Stunden anstrengenden Abstiegs schwappte die
Welle der Namche zustrebenden „Abenteurer‟ über uns!
Und erneut blieb der Eindruck der Fassungslosigkeit, welche Leute
sich den Strapazen dieses gewiss nicht einfachen Treks unterwarfen.

Ausgangs des unseligen Phadings machten wir um 11.$^{30}$ Uhr eine
kleine Rast, tranken hot lemon und verzehrten den schmackhaftesten
Inhalt der Lunchpakete, die Pasang für uns vorbereitet hatte. Den
Rest verschenkte ich an einen Trägerjungen, der gerade vorbeikam.

Der Weiterweg wurde dann in der prallen Sonne zu einer Prüfung für
Beine und Geist. Immer im Gegenverkehr der ständig neu ausge-
worfenen „Flugzeugladungen‟ aus Lukla, den Blick auf den Boden

geheftet, um auf dem holperigen Pfad nicht umzuknicken, stiegen wir die über zweihundert Höhenmeter hinauf nach Lukla.

Eine Colapause in einer überlaufenen Lodge war die einzige weitere Rast auf dem letzten Teil des Treks.

Für mich war dies der schwerste Marschtag überhaupt.

Man sollte sich nicht täuschen. Man steigt zwar von Namche aus ab, denn es geht von 3.340 m hinunter auf etwa 2.800 m, aber in diesem Abstieg sind so viele Höhenmeter in Gegenanstiegen versteckt, dass man fast neunhundert Höhenmeter zusätzlich in den Beinen hat, wenn man in Lukla ankommt.

## *Jeni:*

*In aller Frühe – gepackt hatten wir schon abends – geht es los in Richtung Lukla.*

*Nach der Karte eigentlich ein Klacks: 600 m bergab. Tatsächlich gibt der Höhenmesser von Horst später eine erstaunliche Auskunft: 850 m bergauf, 1.850 Höhenmeter bergab ! Entsprechend lang war dann auch der Weg. Er zog sich schier endlos und, da alles schon bekannt war, auch etwas langweilig.*

*Spitze waren allerdings die Scharen weißer, bleichgesichtiger und erschöpfter Touristen aller Nationen, die pulkweise, wie von der Maschine in Lukla ausgespuckt, den Weg entlangkeuchten.*

*Unschön auch das Wiedersehen mit Phakding, dem Ort, der mich einiges Geld und vor allem mein kindliches Vertrauen in die Ehrlichkeit und Moral in Nepal gekostet hat.*

*Jede Plackerei nimmt aber ein Ende – so auch der Weg nach Lukla. Wir hatten gar nicht mehr in Erinnerung, wie hässlich und dreckig dieser trostlose Ort war, mit Namche überhaupt nicht zu vergleichen...*

Als der letzte dieser Anstiege in einer Linksbiegung flacher wurde und ein ungepflegter Stupa den Ortseingang von Lukla ankündigte, hätte ich nicht viel weiter marschieren mögen und können. Mein lädiertes Knie, die permanente Erinnerung an den Lobuje Peak, forderte nachdrücklich Ruhe und Schonung.

So wankten wir mehr als wir liefen die hässliche Straße hinauf, die von schiefen Häuserfronten gesäumt wurde, bis wir wieder vor der „Everest-Lodge" standen, unserem letzten Quartier während des Treks.

Lukla ist ein trostloser Ort, der durch seine Unzulänglichkeit und seinen Schmutz „besticht".

Die Bewohner erwecken den Eindruck der Tatenlosigkeit, indem sie regungslos vor den Eingängen zu ihren Häusern hocken und den vorüberströmenden Touristen nachsehen.

Hunde liegen schlafend im Staub – allein die dreckstarrenden, in Lumpen gekleideten Kinder wirken lebendig und laufen neben den Fremden aus aller Welt her und betteln um „coins" oder „Bonbons".

Mit Bedauern registriert der Betrachter dann diese Nebenwirkungen des Touristenstroms, der hier durchzieht.

Und er darf sich ja nicht ausschließen, er gehört zu diesem System, das den Himalayabewohnern einerseits Segen ist, sie aber andererseits schleichend ihrer eigenen Kultur, ihren eigenen Traditionen entfremdet.

In der „Everest-Lodge" saßen wir im lichtdurchfluteten „room" im ersten Stock und tranken aus großen Flaschen herrlich kühles Tuborg-Bier. Wir feierten auf diese Weise das Ende unseres Bergsteigererlebnisses im Himalaya.

Am anderen Ende des großen Raumes saßen zwei Japaner. Einer der beiden war sehr athletisch gebaut und fragte uns nach dem Woher und Wohin. Wir erzählten kurz von unserer Expedition.

Bei der Erwähnung des Expeditionzieles, Lobuje Peak, erhoben sich beide wie auf ein Kommando von ihren Plätzen, nahmen eine fast militärisch stramme Haltung an und verneigten die Köpfe zu uns her gerichtet!

Eine Geste der Hochachtung und des Respekts, die mich verlegen machte. Aber die beiden Japaner gaben damit zu erkennen, dass sie sehr genau einschätzen konnten, wie die Besteigung dieses Berges einzuordnen war.

Aber vollständig wurde unser Erstaunen erst, als wir erfuhren, was die beiden vorzuweisen hatten:

Sie hatten die Ama Dablam bestiegen! Den Traumberg, der auch uns gelockt hatte!

Mehr zufällig geriet unser Gespräch dann aber in ernsthaftere Bahnen. Aus dem Versuch, ein Fazit unseres „Abenteuers Nepal" zu ziehen, wurde eine Abwägung der weiteren Gestaltung des Lebens und der Zielgebung als Bergsteiger.

Meine Gedankenspiele, keinen weiteren hohen Expeditionsberg zu besteigen, erschreckten Jeni offenbar.

Die Erfahrungen, die ich mit mir selber am Lobuje Peak gemacht hatte, waren sicherlich noch zu frisch.

So philosophierten wir noch lange über den Sinn unseres Tuns, bis unsere schottischen Freunde Peter und Arron eintrafen, die auch mit uns in der ersten Maschine nach Kathmandu fliegen sollten.

Nun wandte sich das Gespräch allmählich anderen Gegenständen zu, bis es beim Thema Fußball (!) ankam und dort auch vertieft wurde. Arron erwies sich als wahrer Fachmann, der auch im deutschen Fußballsportgeschehen bestens bewandert war.

Bis spät am Abend saßen wir noch mit Nawang und Mingmas Bruder zusammen, aßen, tranken Bier, erzählten.

Unsere Zimmer in der Lodge, die sich unmittelbar an der Stirnseite des „rooms" anschlossen, waren enge Gevierte, die eher einem Bretterverschlag glichen. Mit unseren vier Seesäcken und den Tagesrucksäcken war fast aller verfügbarer Raum zur freien Bewegung verbarrikadiert. Deshalb kletterten wir über unser Gepäck, um die harten Schlafpritschen zu erreichen.

Um 4.$^{00}$ Uhr in der Frühe wurde ich wach. Durch die Fensterscheiben betrachtete ich die funkelnden Sterne und die silbern schimmernde Eisflanke eines Sechstausenders. Ich versuchte meine Gedanken zu ordnen, aber ich gab es bald auf und griff zum Mini-Disc-Player. Ich brauchte eine Ration Triviales: Pop – Musik . Madonna und Britney Spears brachten mit ihren Säuselstimmen ein wohltuendes, frauliches Element in diese rauhe Welt, in der wir uns seit Wochen bewegt hatten.

Plötzlich sprach mich Jeni an: „Horst, bist du wach?"

Ich erklärte ihm, dass ich schon seit einer Weile nicht mehr schlafen konnte.

„Schau mal, so etwas habe ich in meinem ganzen Leben noch nicht gesehen!"

Elektrisiert sprang ich aus dem Schlafsack und schaute aus dem Fenster auf Jenis Seite.

Was ich sah, ließ mich tatsächlich staunen. Dort unten war ein Gespenst zu erkennen, das den Kopf unregelmäßig hin und her bewegte! Die Augen funkelten giftig grün!

„Das gibt es doch gar nicht", entfuhr es mir. Mit der kleinen Maglite-Taschenlampe versuchte ich der Halloween-Figur auf die Schliche zu kommen – vergeblich.

Das Ganze blieb ein Rätsel. Ratlos kroch ich wieder in den Schlafsack zurück.

# Kapitel 4

# Erebos und Tartaros

> „Ein Traum, ein Traum ist unser Leben
> Auf Erden hier.
> Wie Schatten auf den Wogen schweben
> Und schwinden wir."

Johann Gottfried Herder

Dienstag, 17. Oktober

# Abschied – Flug nach Kathmandu

Am folgenden Morgen entpuppte sich das „Gespenst" als ein Stück Kunststofffolie, die im Nachtwind hin- und hergeflattert war. Woher aber diese glühenden, grünen Augen dazu gekommen waren, wird sich niemals aufklären lassen.
Es wird ein Geheimnis der Everest – Lodge bleiben.

Im kleinen Waschraum der Lodge gab es fließendes Wasser aus einem Schlauch. Ich machte mich ein wenig frisch, und dann wurde uns unser letztes Frühstück serviert.
Alles musste an diesem Morgen etwas schneller gehen. Wir durften ja den Abflug unserer Maschine nicht verpassen. Mein Hungergefühl war auch nicht besonders ausgeprägt, ich dachte schon mit ein wenig Befangenheit an den Start mit der Twin – Otter von der schiefen Ebene des Rollfeldes dort draußen vor der Lodge...

Um 7.$^{00}$ Uhr stolperten wir die wenigen Schritte von der Behausung hinüber zum notdürftig eingezäunten Flugplatzbereich.
You have to go there", Nawang deutete auf die Öffnung im Zaun und hinüber zur kleinen ebenen „Rollfläche" des Flugplatzes, wo schon etliche bunt gekleidete Trekker mit ihrem Gepäck standen. Viele hatten wie wir die segenspendenden Katas um den Hals gewickelt.
Die unvermeidliche Minute des Abschieds war gekommen. Wir umarmten unseren treuen Sirdar und drückten ihn fest. Er hatte uns in einen Teil seiner Welt geführt, der uns zutiefst beeindruckt hatte und immer in unvergesslichen Bildern in uns weiterleben würde. Für einen Moment wollte mir die Rührung einen Streich spielen, und ein Kloß saß mir bei meinen Abschiedsworten in der Kehle.

Dann mussten wir über die staubige Piste hinüber zu der Gruppe der etwa 150 anderen Trekker gehen und waren fast wieder auf **der** Seite unseres Daseins angelangt, zu der wir gehörten.
Nawang und unsere Sherpas standen draußen vor dem Zaun und konnten uns nur noch zuwinken...
Eine Episode unseres Lebens näherte sich ihrem Ende.
Eine Sirene ertönte, das Signal, dass sich ein Flugzeug näherte und bald landen würde.
Nun begann die Arbeit eines Uniformierten. Mit schrillen Pfiffen aus einer silbernen Trillerpfeife trieb er die Herde der Trekker vor sich her wie eine Schafherde und wies ihnen mit einem schwarzen Stock den Platz auf dem Rollfeld an, wo er die Trekker vor den ankommenden Propellermaschinen sicher wähnte.
Wahrlich keine leichte Aufgabe. Die Menge bewegte sich nur zögerlich vorwärts und bedachte die Bemühungen des Polizisten teilweise mit spöttischen Bemerkungen.

Was sich anfangs spaßig ausnahm, bekam aber bald seine Berechtigung.

In rascher Folge landeten nun die Flugzeuge und erfüllten die Luft mit dem ohrenbetäubenden Lärm ihrer hochtourig drehenden Motoren.

Die Piloten schalteten nur das Triebwerk auf der Seite aus, wo sich die Kabinentür öffnete und die Neuankömmlinge mit erwartungsfrohen Gesichtern aus den Maschinen herauskletterten. Der gegenüberliegende Propeller zerschnitt derweil weiter mit seinen Kreisen die Morgenluft und warf den wartenden Trekkern Schwaden von Abgasen, aufgewirbelten Staub und kleine Steinchen entgegen.

Es wäre nun lebensgefährlich gewesen, zwischen den Twin-Otters und Dorniers 228 herumzulaufen.

Die Piloten beobachteten das Ein- und Aussteigen und das Verladen des Gepäcks voller Ungeduld und drängten mit wedelnden Handbewegungen immer wieder zur Eile.

Schließlich kam auch unsere Skyline – Maschine mit heulenden Motoren über die Kuppe am Ende der kurzen Landebahn gerollt.

Wir stiegen ein – wieder war die nette Hostess an Bord und verteilte Wattebäusche und Bonbons – und schon rollte die Twin-Otter in die Startposition.

Beide Piloten packten einen Hebel, der etwas über Kopfhöhe in der Führerkanzel angebracht war, als wollten sie mit vereinten Kräften verhindern, dass das Flugzeug sich vorzeitig die Rollbahn hinunterbewegte, denn gleichzeitig gaben sie auch Vollgas!

Die Motoren dröhnten, und das kleine Flugzeug zitterte in allen Fugen.

Plötzlich gaben die Piloten den Bremshebel frei, und die Maschine stürzte sich mit einem Satz die schräg abfallende Startbahn hinunter.

Nach wenigen Sekunden fiel der Boden der Startbahn unter uns weg – wir waren in der Luft, und im nächsten Augenblick gähnte schon der schwarzgrüne Abgrund der Dudh-Koshi – Schlucht mit dem silbernen Band des Wildwassers tief unter uns.

Bemerkenswert knapp strich das Flugzeug über die terrassierten Hänge, auf denen ein wunderschönes, morgendliches Seitenlicht lag. Eine saubere, wohlgeordnete Kulturlandschaft glitt da unter uns vorüber.

Aber bei plötzlich eintretender Sichtverschlechterung musste dieser Flug in ein Wagnis ausarten.

In Kathmandu holte uns Mingma, das kleine Energiebündel, am Flughafen ab. Er hatte schon ein geräumiges Taxi organisiert, und nach wenigen Minuten hatte uns das unglaublich quirlige Leben der Stadt verschlungen.

Welch ein Gegensatz zu den Tagen im Gebirge, wo wir weder ein Auto gesehen hatten noch eine Hupe gehört hatten! Die Orgie aus Lärm, Müll, Gestank der Autoabgase überforderte nun fast meine Sinne, und ich war froh, als wir wieder im Hotel Manang eintrafen.

Das Bett im Hotelzimmer, das Bad, die Sauberkeit und Ruhe waren an diesem Morgen ein paradiesisches Geschenk.

Den Rest des Tages nutzten wir zur Körperpflege. Jeni hatte mir den Vortritt im Bad überlassen. Die erste Dusche nach fast drei Wochen Katzenwäsche war ein herrlicher Genuss ! Da störte es mich auch nicht mehr, dass das Wasser, das da in die Badewanne einlief, von merkwürdig bräunlicher Färbung war.

Mittwoch, 18. Oktober

# Zeitreise

„ Hello, good morning. My name is Orsun". Mit diesen Worten stellte sich unser Fremdenführer vor, den Mr. Shasi Dhar für uns engagiert hatte. Orsun war ein nicht leicht einzuschätzender Nepalese mit Baseballmütze, der seine flinken Augen hinter einer Sonnenbrille verbarg.

Vor dem Hotel wartete schon das Taxi, mit dem wir uns auf den Weg machen sollten. Ein relativ neuer und gepflegter Wagen, ungewöhnlich für das Taxigewerbe in Kathmandu.

Man hatte für uns eine Besichtigungstour im Kathmandutal geplant, deren Stationen rasch aufgezählt sind:

Swayambhunath, Kathmandu Durbar Square mit dem Kumari Bahal, Bodnath, Pashupatinath, Bhaktapur.

Aber was uns an diesem Tage an neuen Eindrücken entgegenschlug, überforderte fast unsere Aufnahmefähigkeit. Als wir gegen 16.$^{00}$ Uhr wieder müde und zerschlagen im Hotel angekommen waren, hatten wir Mühe, all die fremden Bilder des Tages zu verarbeiten.

Wir lagen vielleicht eine halbe Stunde erschöpft auf unseren Betten und suchten nach einem gedanklichen Gerüst, mit dessen Hilfe wir dem, was wir gesehen hatten, eine gewisse Struktur hätten geben können.

Aber das wollte uns an diesem Tage noch nicht gelingen.

Jenis Grundgedanken kreisten um die Feststellung, dass er solche Eindrücke wie heute im Urlaub nicht brauche.

Ich bin aber auch heute noch der Meinung, dass der eigene Augenschein unersetzbar ist. Man weiß um das Elend, das einem hier auf Schritt und Tritt begegnet, aber die eigene Erfahrung und Begegnung mit der ungeschminkten Wirklichkeit bildet und fördert den Betrachter, wie es Schrift- oder Bildmaterial niemals könnten.

Und während ich so dalag, flackerten einige der intensivsten Eindrücke des Tages wieder vor dem geistigen Auge auf und wurden lebendig:

Swayambhunath, es war schon zu dieser frühen Morgenstunde unangenehm heiß und drückend. Eine feuchte Schwüle lag in der Luft, als wir die Treppenstufen zum Stupa aus den 14. Jahrhundert, dem Wahrzeichen Kathmandus hinaufstiegen.

Auf den Treppenstufen hatte eine anmutige, schlanke sehr hübsche junge Frau in kobaltblauem Sari ihre Auslagen zum Verkauf ausgebreitet. Silbersachen und die üblichen Andenken. Orsun sprach und scherzte mit ihr, er war hier offenbar wohlbekannt.

In den Kronen der großen Bäume turnten braune Affen ohne jede Scheu herum.

Den Titel „Monkey Temple" trägt die Anlage zurecht. Die Affen gelten als heilig und scheinen das verinnerlicht zu haben, denn sie erlauben sich ungestraft allerlei Frechheiten.

Die Girlanden der bunten Gebetsfahnen zogen den Blick hinauf zur goldenen Kuppel des Stupas, die in der Sonne glänzte und zu den überdimensionalen Augen Buddhas, die in eine undefinierbare Ferne über das Tal gerichtet waren.

Im Innenhof des Tempels lagen Hunde faul in der Sonne und fromme Pilger entzündeten Talglichter, während wir in der brennenden Sonne den Erläuterungen Orsuns zuhörten. Die Atmosphäre an diesem Ort war auf merkwürdige Weise anziehend und abstoßend zugleich.

Wir umrundeten die Tempelanlagen auf dem Hügel, die gold- und messingfarbenen Ornamente reflektierten die Strahlen der Sonne fast schmerzhaft, während tief unter uns das Häusergewirr der Stadt im Dunst des alltäglichen Smogs in einem Einheitsgrau zerfloss.

Der Palastbereich am Durbar Square ist das eigentliche Herz Kathmandus – ein krankes Herz!

Die wunderschönen Holzschnitzarbeiten der Tempel- und Palastfassaden waren verstaubt und mit dem Kot der abertausend Tauben verschmutzt. Heilige Kühe schritten gemächlich durch die Reihen der Menschen, die sich auf dem Basantpur Chowk drängten.

Ein Saddhu, der in einer etwas erhöhten Position am Rande des Platzes saß, breitete die Arme aus und wies mit den Fingern auf sich, als wollte er eine besondere Ware anpreisen, kaum dass er meine Kamera bemerkte.

„Rupies!", rief er mir zu und machte mir so klar, dass er nur gegen Bares abzulichten war.

Andere heilige Männer saßen in Gruppen zusammen und sahen den Passanten nach. Es waren skurrile Gestalten mit langen, verfilzten Haaren und bunt bemalten Gesichtern, die nur mit einigen schmutzigen Fetzen ihre ausgemergelten Körper bedeckten.

Orsun wollte uns unbedingt in den Kumari Ghar führen. Dort standen wir im Innenhof des palastartigen Baus und starrten zu den kleinen Fenstern hinauf, wo sich die Kindgöttin zu zeigen pflegte.

Wir wollten nicht unhöflich sein und warteten daher geduldig, bis ein lautes „Ah..." durch die Wartenden ging.

Für wenige Sekunden war das Gesicht eines jungen Mädchens im Fenster zu sehen gewesen, das war die Kindgöttin auf Zeit, die Kumari.

Ein Italiener missachtete das strikte Fotografierverbot und zückte die Kamera, um die Göttin abzulichten. Mit bösen Worten des Personals wurde er aus dem Palast verwiesen.

Die ganze Anlage mit ihren kleinen, dunklen Fenstern erschien mir eher wie ein Gefängnis, denn als Palast und Wohnsitz für eine Göttin.

Weiter ging unsere Besichtigungstour. Orsun führte uns in verschiedene, aus roten Lehmziegeln errichtete Gebäude, deren Türen und Fensterrahmen von filigranen Holzschnitzarbeiten verziert waren, wie ich sie in solcher Schönheit noch nicht gesehen hatte: Tempel, Pagoden, Paläste. Eine ganz erstaunliche Handwerkskunst aus dem Mittelalter erzählte hier von einem märchenhaften Reichtum, der längst der Vergangenheit angehörte.

Trotz des allgegenwärtigen Schmutzes umgab ein seltener Zauber und eine geheimnisvolle Faszination diese Gemäuer.

Und während wir weitergingen, erfasste mich eine melancholische Stimmung, all diese Schönheit ihrer Vergänglichkeit entgegentreiben zu sehen.

An einer der wunderschönen Holztüren stand in großen Zeichen die Sprayerrune der modernen Zeit: " F U C K".

Wir fuhren etwa zehn Kilometer über Land nach Bhaktapur.

Die Reisernte war in vollem Gange. Überall sah man die gekrümmten Rücken der Frauen, die mit Sicheln das Getreide schnitten. In Bhaktapur wurde der Reis auf dem Steinboden getrocknet, und Frauen trennten mit Hilfe des Windes die Spreu vom Korn, indem sie das Getreide-Spreu-Gemisch aus flachen Körben langsam zu Boden rieseln ließen.

Wir spazierten über den Durbar Square, kein Auto, keine Rikscha störte hier, die Altstadt war für den Verkehr gesperrt. Auf diese Weise bekamen wir in Bhaktapur den schönsten und harmonischsten Eindruck dieses Tages. Am Potter's Square waren die verschiedensten Tonwaren zum Trocknen aufgestellt, eine Parade in Rotbraun und Schwarz. Kinder lagen auf Reisstrohbündeln und schliefen unter freiem Himmel.

Man hatte das Gefühl, eine Zeitreise in längst vergangene Jahrhunderte angetreten zu haben.

In einer der mittelalterlichen Pagoden war als Zugeständnis an die Moderne ein Restaurant eingerichtet, das in erster Linie von den ausländischen Besuchern frequentiert wurde.

Wir stiegen die enge Treppe hinauf in den ersten oder zweiten Stock und machten Mittagsrast mit einem kühlen Getränk und einem schmackhaften Reisgericht. An einem kleinen Tisch saßen wir zusammen, ließen den Blick draußen über die Dächer der Pagoden schweifen und versuchten ein bisschen zu entspannen. Die Fülle der Eindrücke war doch übermächtig gewesen.

Eine Attraktion war der Stupa von Bodnath gewesen, der größte Bau dieser Art und bedeutendstes Pilgerziel für die Buddhisten in Nepal. Der 40 m hohe Stupa liegt einige Kilometer östlich von Kathmandu. Geht man durch das Eingangstor der Anlage, so gelangt man in eine eigene, kleine tibetische Welt, die sich wohltuend vom Getriebe Kathmandus unterscheidet.

Wir spazierten um den Sockelaufbau des Stupas, der ringförmig von vielen kleinen Läden umgeben ist, in denen teilweise sehr schönes Kunsthandwerk angeboten wurde, das sich von der Massenware in Thamel unterschied. Die blendendweiße Halbkugel des Stupas, die vielen bunten Gebetsfahnen, der blaue Himmel, die Musik, die aus verschiedenen Läden ertönte: „ Om mani padme hum"... all diese Eindrücke waren von einer heiteren, wohltuenden Natur, und ich wäre gerne viel länger hier geblieben, um Bodnath noch intensiver aufnehmen zu können.

Eine kurze Fahrt mit unserem Taxi brachte uns nach Pashupatinath. Auf einem staubigen, unbefestigten Parkplatz hielt der Fahrer den Wagen an, und wir stiegen aus. Sogleich kamen die unvermeidlichen Straßenhändler auf uns zu und versuchten hartnäckig ihre Amulette, Ketten, Messer anzubieten.

Es waren diesmal junge Frauen, die uns sogar mit einigen Wörtern auf Deutsch ansprachen.

Es kostete einige Mühe, sich die zudringlichen Menschen vom Leibe zu halten.

„Hindus only", ein Schild vor den Tempelanlagen hielt uns Ungläubige auf Abstand.

Auf einer dreirädrigen Fahrradriksha transportierten zwei Männer große Holzscheite heran, deren Bedeutung uns bald klar werden sollte.

Orsun führte uns über eine Steinbrücke zum jenseitigen Ufer des Bagmati. Steinstufen waren hier parallel zum Flussufer wie Tribünenplätze angelegt. Dort saßen die eindrucksvollsten Saddhugestalten, die uns bisher zu Gesicht gekommen waren.

Einer dieser heiligen Männer trug eine verfilzte, zu Zöpfen gedrehte Haartracht, die bis zum Boden reichte.

Wir gesellten uns zu den vielen Touristen, die verstreut auf den Steinstufen Platz genommen hatten und gebannt zum gegenüberliegenden Ufer starrten.

Schmutzigbraun und träge floss der Bagmati an den heiligen Tempelanlagen des Pashupati – Tempels vorbei, von denen einige Stufen hinunterführten zum Surya Ghat, dem „Ufer der Sonne".

Dort waren Scheiterhaufen mit solch großen Holzscheiten errichtet, wie wir sie vor wenigen Minuten beim Antransport gesehen hatten.

Diese Scheiterhaufen befanden sich in verschiedenen Phasen des Abbrandes.

Einige bestanden nur noch aus schwarz verkohlten Resten, in denen ein dunkelhäutiger, nur mit einem Lendenschurz bekleideter Mann mit einer langen Holzstange herumstocherte und einzelne Teile in das trübe Wasser des Bagmati schubste, in dem sie langsam davon trieben.

Blaue Rauchschwaden hingen in der Luft.

Es war der Verbrennungsort der Leichen und der Ausgangspunkt für eine vielleicht endgültige Erlösung aus dem irdischen Kreislauf der Wiedergeburten.

Einer der Scheiterhaufen war frisch aufgeschichtet worden, Reisstroh sollte die dicken Scheite entzünden.

Auf dem Strohbett lag ein toter Mensch, der mit einem Laken bedeckt war. Nur die Füße waren unbedeckt.

Eine Angehörige in gelbem Sari nahm mit herzzereißendem Wehklagen Abschied von dem geliebten Menschen.

Andere Menschen nahmen ungerührt rituelle Waschungen in der trüben Flut des heiligen Bagmati vor.

Manche putzten sich die Zähne, Kinder spielten in der seichten Uferzone, indem sie das Schmutzwasser mit Plastikröhrchen einsogen und sich dann gegenseitig bespritzten.

Allein dieser Anblick verursachte mir Übelkeit.

Es war eine bedrückende Atmosphäre an diesem Ort, die meine Gedanken in eine Ebene fortzog, die ich gewöhnlich in meinem Empfindungsspektrum kontrollieren kann. Hier, angesichts dieser Bilder, war ich ihnen wie in einem Gespinst, aus dem ich mich nicht mehr befreien konnte, hilflos ausgeliefert.

Ich fühlte mich, als würde mir ein Blick in das Totenreich selbst gewährt.

Das war der Hades, das Reich der Dunkelheit und der finsteren Tiefen. Dieser Bagmati-Fluss war in Wirklichkeit der Styx, und der Mann mit der Holzstange war der Fährmann Charon. Er befreite damit die Seelen der Toten aus den Scheiterhaufen und entließ sie als die nebelhafte Schemen der Rauchschwaden, die über das Wasser trieben.

Trotz der Abschiedsszene, der wir ungewollt beiwohnten, schien der Tod hier keine Katastrophe zu sein.

Es war ein geschäftsmäßiges Hantieren an den Feuerstellen dort drüben. Aber gerade das machte mir den Ort so unheimlich und bedrükkend.

Die eher heitere, transzendente Stimmung, die von Bodnath auf mich überging, wurde hier brutal gebrochen.

Unser westlicher Umgang mit dem Tod als Tabuthema wurde hier auf eine harte Probe gestellt.

Die Heiterkeit, mit der die anderen Touristen mit diesen Szenen umgingen, machte mir die Situation nur noch makaberer. Es wurde da lebhaft geschwatzt, gelacht und man machte sich gegenseitig auf besonders sehenswerte Einzelheiten aufmerksam. Man nahm das Ganze als Reality-Show an. Je gruseliger und ungewöhnlicher, desto besser!

Ich war froh, als sich Orsun zum Gehen wendete.

Auf dem staubigen Parkplatz sprach uns ein abgerissener Straßenhändler an. Wir waren weit davon entfernt, uns nun auf das Ritual des Handels einzulassen. Er bemerkte, dass wir Deutsche waren und machte seiner Enttäuschung Luft, indem er uns verächtlich die Brokken Deutsch nachwarf, die er beherrschte:

„D e u t s c h l a n d , N e c k e r m a n n , H i t l e r !!"
Wir hatten genug von diesem Tag, unsere Sinne waren damit überfordert, all dies aufzunehmen, zu verarbeiten und zu verstehen.

Schweigend saßen wir im Taxi, als wir durch entsetzlich schmutzige Stadtviertel voller Lärm, Gestank und einem Gewimmel von Menschen, streunenden Hunden und den unvermeidlichen heiligen Kühen zurück nach Thamel in unser Hotel Manang fuhren.

Am Abend saßen wir dann wieder einmal im „Jewels of Manang", dem schönen Restaurant im Tiefparterre unseres Hotels. Wir waren mit Freunden verabredet. Heinz-Peter und Martin hatten sich am Chulu Far West im Annapurna – Gebiet versucht, während wir am Lobuje Peak waren.

Gemeinsam hatten wir eine Expedition in der Cordillera Blanca unternommen, und seitdem hießen die beiden bei uns nur „Vadder" und „Bub" – so hatten sie sich uns erstmals in Amsterdam am Flughafen vorgestellt.

Nun hatte das schon in der Heimat verabredete Treffen doch geklappt. Wir tranken einige Bier und Reisschnaps, genossen die leckeren, scharfen Snacks und tauschten unsere Erfahrungen der letzten Wochen aus.

Unsere Freunde hatten leider nicht das Glück, das uns beschieden war. Die Annapurna – Runde war letztlich eine enttäuschende Erfahrung. Es gab zuviel Schnee in den Hochregionen und damit keinen Gipfelerfolg.

Zu allem Überfluss hatte sich eine Teilnehmerin ihrer Gruppe beim Aufstieg zum Chulu Far West durch einen Sturz verletzt und hatte damit ungewollt den „Fahrplan" durcheinander gebracht.

Im Grunde bedauerten „Vadder" und „Bub", dass sie nicht an unserer Expedition teilgenommen hatten.

Jeni hatte ihnen das Angebot gemacht, aber da die beiden das Everest-Gebiet schon von einer Expedition zum Pumori her kannten, hatten sie die Annapurna-Runde vorgezogen.

Es war schon 23.⁰⁰ Uhr, als wir das Kellerrestaurant verließen. Die Tröstungen des Alkohols hatten ihre Wirkung nicht verfehlt. Wir

waren alle in wesentlich gehobenerer Stimmung als noch vor einigen Stunden.
Wahrscheinlich wären wir noch länger beisammen gesessen, wenn unsere beiden lieben Kellnerinnen nicht Feierabend gehabt hätten.

---

Seele des Menschen,
Wie gleichst du dem Wasser !
Schicksal des Menschen,
Wie gleichst du dem Wind !


Johann Wolfgang von Goethe

---

Donnerstag, 19. Oktober

# Mit den Augen Buddhas

Es war am Nachmittag gegen 15.$^{30}$ Uhr. Ich war auf die Dachterrasse des „Manang" im fünften Stock hinaufgestiegen. Jeni hielt im Hotelzimmer einen kleinen Mittagsschlaf, und ich wollte eigentlich hier oben etwas Ruhe finden und vielleicht auch ein bisschen schlummern. Aber der Versuch schlug fehl. Ich hatte es mir auf einem der weißen Liegestühle bequem gemacht, aber der beständige Lärm des Verkehrs unten in den Straßen, das fortwährende lästige Hintergrundgeräusch der Auto- und Motorradhupen verhinderte ein Abschalten und den erwünschten Schlummer.
Außerdem zirpten und quietschten amselgroße Vögel mit orangefarbigen Schnäbeln mit den Sperlingen hier oben um die Wette...
So lag ich denn mit offenen Augen auf der Liege und schaute in den Himmel, der sich mit einem schmutzigen Grau überzogen hatte. Große Geiervögel zeichneten darin mit ihren schwarzen Silhouetten ihre weiten, gelassenen Kreise und  bildeten damit ein seltsam unheilvolles Detail im Panorama der Stadt, das sich von meiner Aussichtswarte der Dachterrasse darbot.
Ein Unwohlsein erfasste mich, von dem ich nicht so recht wusste, worauf ich es zurückführen sollte.
Vielleicht waren es auch nur die etwas wehmütig eingefärbten Gedanken des Abschieds von diesem Land, von dieser Stadt, von intensiv gelebten drei Wochen voller phantastischer Eindrücke, von einem Traum, der mich jahrelang begleitet hatte – und der nun ausgeträumt war.
Dieser Abschied war aber auch wie ein Hollywood – Spielfilm mit einem dramaturgischen Höhepunkt versehen worden, für den Jeni verantwortlich gewesen war.

Wir waren gegen 5.$^{oo}$ Uhr in aller Frühe aufgestanden und waren mit einem Taxi zum Tribhuvan- Flughafen hinausgefahren. Jeni hatte für uns einen „Mountain-Flight" gebucht!

Im frühen Halbdunkel waren schon viele Menschen auf den Straßen unterwegs gewesen. Häufig hatten sie sich im Laufschritt vorwärts bewegt, was ungewöhnlich war. Ich fragte mich was diese Eile zu bedeuten hatte.

Es schien fast so, als wollten sie der „Hölle Kathmandu" entfliehen...

Dann saßen wir mit vielen anderen Leuten in der inzwischen bekannten Abfertigungshalle für die Inlandsflüge und warteten auf unseren Aufruf.

Zwar entdeckte ich an der Decke Lautsprecherboxen, aber hier wurden die Durchsagen von einer Bodenhostess einmal durchgerufen – ihre Stimme kam so gut wie nicht gegen den allgemeinen Lärm in der Halle an. Man musste konzentriert das Geschehen verfolgen , um nicht als Nachzügler aufzufallen und womöglich seinen Flug zu verpassen.

Mit 14 weiteren Passagieren fuhren wir gegen 7$^{.oo}$ Uhr über das Rollfeld  zu unserem Flugzeug, das damit ausgebucht war.

Die kleine gepflegte Maschine der „Buddha – Air" bot jedem ihrer Passagiere einen Fensterplatz.

Mich fröstelte in der kalten Kabine, und während wir etwa 15 Minuten auf die Startfreigabe warteten , beobachtete ich durch das kleine Fenster den Sonnenaufgang, der das Flugfeld mit einem gelborangefarbenen Licht übergoss.

Dann warfen die Piloten die beiden Motoren an. Das Steuerbordtriebwerk zeigte sich aber anfangs noch etwas unwillig, stotterte und kam nicht richtig auf Touren. Das verwunderte mich bei einer fast neuwertigen Maschine.

Jeni warf mir aus seinem Sitz bedeutungsvolle Blicke zu... Aber nach kurzer Warmlaufphase heulte der Motor gleichmäßig in hohen Drehzahlen wie sein Pendant an der linken Tragfläche.

Kurz darauf jagte das Flugzeug schon über die Startbahn, wir wurden in die Sitze gepresst, die Startbahn fiel  unter uns weg, und wir stiegen in steilen Kurven in den Morgenhimmel.

Nach einigen Schrauben über dem Flughafengelände hatten die Piloten genügend Höhe aufgebaut  und brachten die Maschine in die Waagrechte. Die gesamte Flughafenanlage mit ihren Gebäuden und den parkenden Flugzeugen lag spielzeugklein im goldenen Morgenlicht tief unter uns.

Und dann näherten wir uns mit der schnellen Maschine schon den weißen Himalayariesen.

Von der Langtang – Gruppe flogen wir parallel zum Gebirgshauptkamm in Richtung Nordosten.

Zwei Flugbegleiterinnen betreuten uns ganz hervorragend, indem sie uns die markanten Gipfel benannten und jeden einzelnen von uns nach vorne ins Cockpit geleiteten. Dort konnte man den beiden Piloten über die Schulter schauen und einen geradezu einzigartig schönen Blick auf Gipfel, Grate, Gletscherbrüche werfen.

Wie oft hatten wir uns diese Bilder vor dem inneren Auge in leuchtenden Farben ausgemalt!? Sie wurden von der Realität weit übertroffen.

Dieser „Mountain-Flight" gewährte uns gewissermaßen einen Blick aus der Perspektive Buddhas auf unser Traumland.

Auf der Höhe des Makalu drehten die Piloten die Maschine und flogen dicht an der Gipfelpyramide des Everest vorbei.

Ich war gerade im Cockpit und hatte eine einzigartige Sicht vom Südsattel bis zum Gipfel des höchsten Berges des Planeten.

Ich fotografierte was immer mir möglich war und hoffte auf einige gute Bilder.

So sehr wir uns auch bemühten, den Platz unseres Basislager oder den Lobuje Peak zu lokalisieren, es wollte uns nicht gelingen.

Die Orientierung aus über 8.000 m Flughöhe war nicht einfach, und aus der Aufsicht konnte man schwer die charakteristischen Formen der Berge ausmachen.

Als die „Buddha-Air" – Maschine nach etwa einer Stunde wieder auf dem Tribhuvan-Flughafen aufgesetzt hatte, waren wir von dem eben Gesehenen geradezu berauscht. Jeni hatte mir und auch sich selbst mit diesem Flug ein wunderbares Geschenk gemacht, einen wunderschönen Abschluss der Expedition.

Mit einem der klapprigen Taxis waren wir wieder zurück nach Thamel gefahren. Der Fahrer hatte wohl eine Abkürzung gewählt, denn wir kamen auf einer ganz schlechten Schlaglochpiste durch mir unbekannte Stadtviertel.

Und nach den herrlichen Bildern aus einer reinen Welt der weißen Schönheit waren wir wieder in die Hölle hinabgefahren. Staub, Schmutz und Elend überall. Das Auge hatte in diesem Stadtviertel keine Chance, sich an etwas Schönem festzuhalten. In einer der vielen wilden Müllkippen am Straßenrand hatten ein mageres Kalb und ein ebenso elend aussehender gelber Hund nach Fressbarem gewühlt. Wellen der Übelkeit waren in mir aufgestiegen, und mit der größten Erleichterung war ich vor dem „Manang" aus dem schmutzigen Taxi geklettert.

Meine Toleranzschwelle all diesen Unzulänglichkeiten gegenüber war nunmehr überschritten. Ich hatte genug von diesem Teil Kathmandus. Wir flüchteten daher in das „Northfield Cafe", einer Restaurant-Bar mit einem ruhigen Garten und wunderschönen Blütengewächsen.

Man konnte dort gut essen und vor allem dem Lärm und der Hektik Thamels kurzfristig entkommen.

Nachdem wir uns dort wieder gestärkt und erholt, die letzten Mitbringsel für die Lieben daheim eingekauft hatten, waren wir wieder zum Hotel geschlendert und hatten unsere Einkäufe in die Seesäcke verstaut...

Die Vögel auf der Terrassenbrüstung riefen mich mit ihrem Gezeter wieder in die Gegenwart zurück. Sie erinnerten mich an Stare. Einträchtig hüpften sie hin und her, bis aus unerklärlichen Gründen plötzlich ein Streit unter ihnen ausbrach. Dann schrieen sie sich ganz laut mit weit aufgerissenen Schnäbeln gegenseitig an und vertrieben schließlich einen ihrer Artgenossen. Die „Sieger" schickten ihm noch eine Weile ihre Schmährufe hinterher, bis endlich wieder Ruhe einkehrte.

Irgendwann später wiederholte sich das Schauspiel dann.

Sie führten eine Parabel über die agressive Gesellschaft auf, in die ich in wenigen Stunden zurückkehren sollte.

Über das Haustelefon bestellte ich mir eine Tasse Kaffee auf die Terrasse. Der kleine Boy, der sie mir servierte, war neugierig und wollte wissen, aus welchem Land ich käme. Ich erklärte es ihm, und mit verträumt in die Ferne gerichtetem Blick wiederholte er, als spräche er vom Paradies: „Germany, a very nice country..."

Dann erzählte er von seinem Dasein. Er verdiente zweitausend Rupien im Monat. Seine Einzimmerwohnung, die er sich mit drei Kollegen teilen musste, kostete ihn achthundert Rupien im Monat.

Wieder einmal wurde mir klar gemacht, dass ich auf einer Insel der Glückseligen, auf der Sonnenseite des Lebens zuhause bin.

Noch lange stand ich ganz alleine auf der Dachterrasse und schaute hinaus auf das Dächergewirr der Stadt, über dem die Geier beständig ihre Kreise wie unheilvolle Runen in den Smoghimmel schrieben.

Dann nahm ich Abschied von diesem Bild und stieg wieder hinunter in unser Hotelzimmer.

Es sollte kein Jahr dauern, bis die Bewohner dieser Stadt schockiert erfahren mussten, dass ihre Königsfamilie einem brutalen Mordanschlag zum Opfer gefallen war...

Den letzten Abend in der Stadt verbrachten wir im „Jewels of Manang", unserer Restaurant-Bar im Tiefparterre des Hotels.

Die Kellnerin Nirwalla erwartete uns schon mit traurigem Gesicht und dem ehrlichen Bedauern, dass ihr unsere Abreise leid täte. Auch mir war die hübsche Nepali in der kurzen Zeit irgendwie ans Herz gewachsen, und ich wusste, ich würde diesen harmonischen Raum, die Melodien der drei Musikanten und Nirwalla vermissen.

Wir gingen zeitig zu Bett, aber ich fand nur einen unruhigen ‚flachen' Schlaf.

Freitag, 20. Oktober

# Shangrila

„This is your alarm call!"

Noch vor dem Weckruf des Portiers um $4^{30}$ Uhr waren wir wach. Die letzten Dinge mussten in die Seesäcke verpackt werden. Noch einmal dieses lästige Ritual !

Ich verspürte ein ungutes Gefühl in der Magengegend, das sich schon gestern ganz entfernt gemeldet hatte.

155

Es konnte unmöglich vom Reisefieber herkommen, diese Prozedur war mir inzwischen doch zur Routine geworden.

Bei der Rasur im Bad stieg mir dann die Übelkeit so vehement hoch, dass ich fürchtete, mich gleich übergeben zu müssen. Dazu erfasste mich ein Gefühl der Schwäche , das mir neu war. Ich fürchtete, gleich umzukippen.

Ein grässliches Gefühl !

Gleich darauf hatte ich Gewissheit: Der Kathmandu-Quickstep hatte mich nun doch noch erwischt. Und das am letzten Tag ! Nun verstand ich auch diese merkwürdigen Vorzeichen von gestern, mit denen mein Körper mir signalisiert hatte, dass ich Ungutes zu erwarten hatte.

Ich schluckte sofort zwei Imodium, um wenigstens im Flugzeug Ruhe vor den Diarrhoe-Attacken zu haben.

Mingma holte uns wie versprochen um $6.^{30}$ Uhr mit einem guten Großraumtaxi ab. Ich war froh, die schwere Arbeit des Verstauens der Seesäcke abgenommen zu bekommen. Ich hatte gerade genug mit meinem Rucksack, der das Handgepäck darstellte, zu tun.

Meine Körperspannkraft war dahin. Es war unglaublich, was diese Bakterien anrichten konnten !

Es war eine gespenstische Fahrt durch das Dämmerlicht hinaus zum Flughafen.

Vor vielen Behausungen flackerten schon die Kerosinbrenner oder kleine, offene Feuerstellen, um die die Menschen wie schwarze Schatten kauerten. Die Luft war von einer merkwürdigen, süßlichen Schwere.

Am Flughafen erlebten wir wieder das schon übliche Chaos beim Einchecken, den Sicherheitskontrollen usw.

Die meisten Gestalten, die mit uns anstanden, trugen weiße oder gelbe Katas um den Hals, und plötzlich erschien mir das irgendwie lächerlich. Wir waren wieder Teil der Masse, und ich hatte das Bedürfnis, diesen weißen Schal, den mir Nawang in Lukla umgehängt hatte, in die Tasche zu stecken. Inmitten dieser Menschenmasse auf dem Tribhuvan-Flughafen hatte er seine Bedeutung eingebüßt.

Über eine Stunde beanspruchte das Passieren der verschiedenen Schalter und Sicherheitschecks. Ich fühlte mich zunehmend elender und schwächer. Als ich endlich in dem schwarzen Plastikstuhl saß, war ich froh, mich nicht mehr länger auf den Beinen halten zu müssen.

Unser Flugzeug war wieder die gleiche 757 mit dem Namen „Gandaki" wie auf dem Hinflug:
Shangrila Class, Flug RA 229, Platz 2 A.
Boarding- Time war mit 7.$^{3o}$ Uhr angegeben. Um 10.$^{oo}$ Uhr bewegte sich die Maschine endlich zur Startbahn !

Was folgte, war ein schier endloser Flug mit Schmerzen im Bauch.
Die meiste Zeit verbrachte ich, eingehüllt in meine Decke, im Halbschlaf der Erschöpfung. Selbst Musik mochte ich nicht hören.
Dies war leider keine Shangrila-Reise. Wie viel anders hatte ich mir diesen Heimflug vorgestellt!
Eine kleine Party mit all den Leckereien, die es in unserer Shangrila-Class gab, sollte es werden.
Ein paar gute Drinks durften dabei auch nicht fehlen. Aber mir stand der Sinn so gar nicht danach...
In diesen Stunden musste ich Jeni Abbitte leisten. Wenn er dieselben Symptome der Infektion wie ich gehabt hatte, dann hatte er mit seinem Trek bis Pheriche eine fast übermenschliche Leistung vollbracht!

Um 18.$^{1o}$ Uhr landeten wir auf dem Rhein-Main –Flughafen in Frankfurt. Ein Gefühl dankbarer Erleichterung durchströmte mich.
Als ich beim Blick durch das Kabinenfenster die Flughafengebäude, die Lufthansabasis, diese Perfektion schon im Äußeren sah, fühlte ich mich eigenartigerweise nicht wieder eingeholt, sondern von dem beruhigenden Gefühl des Aufgehobenseins umfangen.
Und da war auch ein Gefühl der Dankbarkeit und des Verbundenseins mit diesem Land, das schließlich meine Heimat war, und nach dem sich der Nepali auf der Dachterrasse des „Manang" wie nach dem Shangrila gesehnt hatte und das **wir** im Himalaya gesucht hatten.

Jenis Bruder, sein Nachbar Otto und Annette aus Jenis Tennisclique hatten es – auf welchen Wegen auch    immer – geschafft, uns noch vor dem Einreisecheck auf dem Flughafen zu empfangen !
Wir bekamen jeder eine rote Rose als Symbol des herzlichen Empfangs, und dann entkorkten das Trio eine Sektflasche!
Aus Plastikbechern tranken wir, und für eine kleine Weile hatte ich das Gefühl für Zeit und Raum und für die Schmerzen im Bauch verloren. Der Alkohol tat seine Wirkung unglaublich schnell.

Nach einiger Warterei am Gepäckförderband tauchten endlich unsere Seesäcke auf, und wir konnten durch die letzte Tür treten und unsere Lieben in die Arme schließen.

Das „Abenteuer Himalaya" war damit endgültig Vergangenheit.

# a n t i m m a a

## Morgen ist heute gestern

Mittwoch, 25. Oktober

Der Lobuje Peak hatte im Zentrum unserer Expedition gestanden . Er war das Ziel, auf das die Tage des Anmarsches ausgerichtet waren. Und mochten noch so viele fremde Eindrücke auf uns eingestürmt sein, der **Berg** hatte all unser bewusstes und unterbewusstes Denken beherrscht.

Nach den Tagen am Berg und dem merkwürdigen Gipfelerlebnis, das mir meine eingeschränkte Wahrnehmungsfähigkeit beschert hatte, empfand ich nun nicht das lange nachklingende Gefühl der Euphorie, die dann einer inneren Zufriedenheit Platz macht.

Meine Ausgeglichenheit konnte mir der Lobuje Peak leider nicht festigen.

Die Empfindungen , die ich aus Südamerika beziehen konnte – in jenen Tagen nach der Rückkehr von der Expedition suchte ich sie leider vergeblich.

Das Bewusstsein um diese „Leerstellen" machte mich traurig und verunsicherte mich. Vielleicht war ja auch die Infektion, die ich mir gewissermaßen als Andenken aus dem Himalaya mitgebracht hatte schuld an meinem seelischen Zustand.

„Würden sie die Reise noch einmal machen?"

Die Frage meiner Konrektorin heute früh in der Schule brachte mich für einige Sekunden zum Überlegen.

„Nein", antwortete ich schließlich und war mir in diesem Augenblick auch sicher.

Man zahlt für eine solche Expedition auch nach der Rückkehr mit lange anhaltender Müdigkeit, körperlicher und geistiger Erschöpf-ung. Die körperlichen Strapazen – auch in Verbindung mit der Ma-

159

gen-Darm-Infektion waren über den Zeitraum von drei Wochen doch enorm.

Jedenfalls waren mein Geist und meine Phantasie noch nicht bereit, nach neuen Zielen Ausschau zu halten.

Was aber war das unverrückbar Positive, was bleibt an schönen Eindrücken dauerhaft erhalten?

Ein Kaleidoskop verschiedenster Bilder zieht bei dieser Frage ohne große innere Linie vor meinem geistigen Auge vorbei:

Sicher der allererste Blick auf den Mount Everest, als wir nach Namche Bazar hinaufstiegen. Weiß leuchtete damals die Gipfelpyramide im blauen Himmel, und ich hatte das Empfinden, nun wirklich „da" zu sein.

Es war ein Augenblick des kindlichen Staunens, wie beim ersten, bewussten Betrachten des Lichterbaumes am Weihnachtsabend.

Das Sherpaland um Namche Bazar mit dem zauberhaften Schmuckwerk der vielen Gebetsfahnen, Stupas, Manimauern.

Die wunderschönen Manisteine mit ihren rätselhaften Schriftzeichen, die mir Nawang eines Tages erklärte.

Kleine Kunstwerke, die zu meinen liebsten Fotomotiven gehörten.

Der Nachmittag in Gorak Shep, als als ich mit Jeni auf den Kala Patar gestiegen war. Ich fühlte mich gut akklimatisiert, die 5554 Höhenmeter auf dem Gipfel aus Urgesteinsblockwerk machten mir nicht zu schaffen, und ich konnte die berühmte Aussicht hinüber zum Everest, Lhotse, Lhotse Shar und Nuptse ungestört von anderen Bergsteigern und Trekkern genießen.

An jenem Nachmittag waren wir die einzigen Menschen am Berg, die die eindrucksvollen Wolkenspiele um die Gipfel der Achttausender beobachten konnten.

Der Aufenthalt im Hause von Nawangs Schwiegereltern in Namche. Wir hatten das Privileg, die Lebensweise der Menschen in Namche aus nächster Nähe zu beobachten.

Die Ankunft der Yak – Karawane aus Tibet, die sich ihren Weg durch die engen Gassen Namches bahnte und vor allem die wunderbaren „Tibetertypen" mit ihren scharlachroten Haarsträhnen und den so ausdrucksstarken Gesichtszügen.

Das Zusammensein mit unseren Sherpas, liebenswürdigen Menschen mit einer positiven Lebenseinstellung.

Selbst beim Schleppen der schweren Körbe mit der Küchenausrüstung und dem stinkenden Kerosinkanister jubilierten die Küchenjungen und riefen ihre Lebensfreude in lang anhaltenden Jauchzer – Wechselgesängen in die klare Luft hinaus.
Dies waren immer Momente, die ansteckend auf mich wirkten.
Die unkomplizierten Begegnungen mit anderen Menschen, die die gleichen Empfindungen für die Bergwelt und ihre Bewohner hegten wie ich.

Der Aufenthalt im Hotel Manang, das eine Art Insel der Ruhe und Sauberkeit für mich darstellte.
Ein Ort zum Wohlfühlen inmitten einer Umgebung aus Schmutz, Unrat, Hast, Lärm und allen denkbaren Varianten der Unzulänglichkeit menschlichen Daseins.
Der „Mountain – Flight" in den Himalaya, der im wahrsten Sinne des Wortes etwas überirdisch Schönes vermittelte.

Montag, 30. Oktober

Als ich gestern Dias sichtete, um die Überblendschau vorzubereiten und die Gipfelaufnahmen vom Lobuje Peak betrachtete, wunderte ich mich nicht wenig über die Aussage der Bilder, die mich gelöst und entspannt zeigen, während ich von mir einen subjektiv völlig entgegengesetzten Eindruck in der Erinnerung behalten habe.
Wie der Berg und die Höhe einen doch verändern können!

Wir gehen wieder unserer geregelten Tätigkeit nach. Jeni vertritt seine Mandanten, indem er ihnen Wege durch den Paragraphendschungel aufweist, und ich versuche meinen Schülern die verschiedenen Sichtweisen der Welt im Geographie- oder Literaturunterricht zu vermitteln...

Es ist das vertraute, gewohnte Leben, das nur selten mit „Highlights" aufwarten kann, wie wir sie im Himalaya erleben durften.

Denn während der Zeit unserer Expedition waren wir wieder einmal über diese geregelte, in feste Zeitraster eingeteilte Existenz hinausgegangen.

Wir waren für drei Wochen zu Suchenden geworden und hatten das Glück erfahren können, der Magie des Erhabenen zu begegnen.

Wir hatten es selbst in der Hand gehabt, unser Leben in einer Weise zu bestimmen, die uns mit Wissen und wunderschönen Bildern überreichlich bedachte.

Der Kopf war von allem Nebensächlichem befreit und konnte sich auch auf kleinste schöne Dinge einlassen.

Man war für eine kurze Zeit frei gewesen und hatte den Ort des Gleichgewichts und der Harmonie gefunden.

# Epirrhema

Müsset im Naturbetrachten
Immer eins wie alles achten:
Nichts ist drinnen, nichts ist draußen;
Denn was innen, das ist außen.
So ergreifet ohne Säumnis
Heilig öffentlich Geheimnis.

Freuet euch des wahren Scheins,
Euch des ernsten Spieles:
Kein Lebendiges ist ein Eins,
Immer ists ein Vieles.

Johann Wolfgang von Goethe

# Anmerkungen

## Orthographie:

Die sogenannte „Neue Deutsche Rechtschreibung" habe ich in meinem Text flexibel gehandhabt.
Bei der Schreibweise der S – Laute folgte ich dem neuen Modell, ansonsten drückt sich mein gespanntes Verhältnis zur Reform im herkömmlichen Gebrauch der Rechtschreibung aus.
Bei den von Jeni beigesteuerten Tagebuchpassagen behielt ich die von ihm gewählte Schreibweise bei.

## Ortsbezeichnungen:

Selbst in Karten und Drucksachen, die in Nepal in Umlauf gebracht werden, differieren die Schreibweisen.
Ich entschied mich für „**Lobuje Peak**" als Bezeichnung für den Berg und **Lobuche** als Bezeichnung für den Ort.
Alle anderen Ortsbezeichnungen mögen dem Leser auch schon in modifizierter Schreibweise begegnet sein, ich ging aber davon aus, dass der phonetische Unterschied allenfalls minimal ist und nicht zur Verwirrung führen kann.

# Begriffserklärungen:

## Erebos und Tartaros :

In der Antike wurde auch das Toten-
reich selbst als Hades (lateinisch: *Orcus*) bezeichnet, das in zwei
Regionen unterteilt war: *Érebos* (griechisch: Dunkelheit), die finsteren Tiefen, wohin die Toten, die man sich als Schatten ihres
einstigen irdischen Wesens vorstellte, von Hermes geleitet wurden, und den von ehernen Mauern umgebenen *Tártaros,* die tiefste
Region, die als Gefängnis diente, wo u. a. die Titanen, Tantalus
und Sisyphos gefangengehalten wurden. Es war ein finsterer Ort,
der von nebelhaften Schemen und Schatten bewohnt war und von
Kerberos (Zerberus), einem dreiköpfigen, schlangenschwänzigen
Hund, bewacht wurde. Die Flüsse Acheron und Styx (griechisch:
die Verhasste) trennten die Unterwelt von der Oberwelt. Der be-
tagte Fährmann Charon setzte die Seelen der Toten gegen Zahlung
eines Fährgeldes *(Obolos),* das man den Toten in den Mund legte,
über den Styx.[1]

---

①"Hades", *Microsoft® Encarta® 98 Enzyklopädie.* ©
1993-1997 Microsoft Corporation. Alle Rechte
vorbehalten.

165

**Tschorten oder Stupas :**   Kultschreine im Budd-
hismus.Sie sind aus massivem
Stein errichtet.  Die
Gläubigen umschreiten sie
immer im Uhrzeigersinn.

**tanyabaad :**   Nepali  /  Danke

**surumaa :**   Nepali  /  am Anfang

**antimaa :**   Nepali  /  am Ende

**Epirrhema :**   Teil des antiken Dramas ( besonders bei der Tragödie ), in
dem der Chor Verse im Sinne
von Antworten singt oder
rezitiert .

## Abbildungen :

Die Abbildungen auf den Seiten 21 und 137 wurden Kalender-
blättern aus Thamel entnommen. Keine Quellenangabe.

Alle übrigen Abbildungen: Horst Nargang

# tanyabaad

Der Text zur „Parabiber – Expedition 2000" war ursprünglich als Artikel für das Fachmagazin **A L P I N** konzipiert. Beim Schreiben gingen meine Gedanken aber immer wieder eigene Wege und entfernten sich von der straffen Form eines Berichts, der höchstens ca. 10.000 Zeichen aufweisen sollte.diese Beschränkung wirkte einengend, und es war schwierig ,ein Konzentrat aus dem Fundus der Tagebucheintragungen auszufiltern. Schließlich ließ ich den Erinnerungen freien Lauf und konnte mich dadurch während des Schreibens intensiv mit jenen Tagen im Himalaya auseinandersetzen. Entsprechend wuchs der Textumfang an...

Vieles hätte bei einer verkürzten Darstellung auf der Strecke bleiben müssen, das - nach meinem Empfinden - erzählenswert ist.

Auch die persönlichen Gedanken des Seilkameraden, die eine interessante Ergänzung einbringen, hätten nicht eingeflochten werden können.

So entstand schließlich der vorliegende Textzusammenhang über die Expedition zum Lobuje Peak.

Mögen Leute unsere Expedition als absurden Zeitvertreib abtun – vielleicht haben sie recht.

Aber es war wieder einmal ein Weg ins reizvolle Unbekannte, ein „Spiel der Leiden", wie solches Tun auch schon genannt wurde.

Wir haben es mit Friedrich Schiller gehalten, der sagte: „Wir gelangen nur selten anders als durch Extreme zur Wahrheit".

In den drei Wochen im Himalaya waren wir wieder einmal über unsere geregelte, in feste Zeitraster eingeteilte Existenz hinausgegangen. Wir hatten es selbst in der Hand gehabt, unser Leben in einer Weise zu bestimmen, die uns mit Erfahrung und wunderschönen Bildern überreichlich bedachte.

Und das ist vielleicht das Beste, was uns die Zeit auf dem Dach der Welt gebracht hat !

Allen, die mir diese wunderbaren Tage im Himalaya ermöglicht haben, gilt mein herzlicher Dank:

Jeni, der mir, wie seit vielen Jahren , ein Freund und absolut verläss-
licher Begleiter während des Anmarsches und am Berg war. Er hatte die Logistik des Unternehmens in langen Internetsitzungen auf die
Beine gebracht, so dass wir in Nepal selbst von allem organisatori-
schem Ballst befreit waren.

Mit der Buchung des Mountain Flights setzte er der Expedition  gewissermaßen das Sahnehäubchen auf.

Nawang Samten Sherpa, unserem Sirdar, für seine treue und umsich-
tige Begleitung und die gute Führung unserer Sherpamannschaft.

Meiner Schulrektorin, Frau Herbert, die mir keine Steine in den Weg
legte und das Unternehmen befürwortete, um mir einen Sonderur-
laub vom Schuldienst zu ermöglichen.

Meinen Kollegen in der Schule, die meinen Unterricht während der
Zeit im Himalaya mit aufgefangen haben.

Nicht zuletzt gilt mein größter Dank Mary, die mir die Expedition
von Herzen gegönnt hat, mich mit Literatur, Musik und Internetaus-
zügen zur Vorbereitung der Expedition versorgt hat.

Die daneben viele Stunden Arbeitszeit für die Hilfe beim Erstellen
des Skripts aufgewendet hat und die während meiner Tage im
Himalaya in Gedanken immer bei mir war.